Petra Hermann

Sternzeichen Kuchen, Aszendent Plätzchen

Von Pistazienmonden und Teesternchen

Rezepte für die weihnachtliche Bäckerei

ECKHAUS VERLAG

Einleitung

Irgendwann, wenn es draußen kälter wird und die Tage kürzer sind, kommt uns unser in leichten sommerlichen Tagen gefasster Vorsatz der gesunden Ernährung abhanden. Der allen Säugetieren eigene Urinstinkt, für kalte Wintertage vorzusorgen, ergreift von unserem Tun Besitz – und wir beginnen zu backen.

Wir kaufen hemmungslos Butter, Zucker, Sahne, Schokolade, Eierlikör, Nougat und Marzipan, lassen die guten Vorsätze vor der Küchentür und suchen nach den alten Rezepten von Oma, der Mutter oder Nachbarin. Kleine, feine, kalorienhaltige Kunstwerke entstehen, die in altmodischen Blechbüchsen verwahrt manchmal die Zeit ihrer Bestimmung gar nicht erst erleben. Da hat der Herr des Hauses mehr als einmal geschäftig in der Speisekammer zu tun, die Kinder bieten verdächtig oft ihre Hilfe beim Herbeitragen von Gegenständen an und wir selbst schauen uns ängstlich um, ob man uns nicht beim Naschen ertappt. Aber kein Problem: Wir beginnen mit der Backzeit einfach Anfang November und haben bis zum Weihnachtsfest noch ausreichend Zeit, um für Nachschub zu sorgen.

Selbstgebackenes gehört zum Kaffee oder Tee bei Kerzenschein, oder zum Glühwein, wenn man sich in der Decke auf der Couch einkuschelt. Auch kleine Geschenke aus der Küche bzw. aus dem Backofen sind überall willkommen. Und da ist das einfache Plätzchen genauso gut wie der aufwendig gebackene Kuchen. Wie so oft gilt auch hier: Die Menge macht das Gift. Also nicht an den guten Zutaten sparen, sondern lieber ein Stück weniger essen. Plätzchen, Stollen und Kuchen gehören nun einmal zu Herbst und Winter und zum Weihnachtsfest, genauso wie gutes, reichhaltiges Essen.

Die Rezepte dieses Buches sind zum Teil kleine Familienschätze, manchmal weitergegebene Tipps von der Nachbarin oder Kollegin, oft auch abgewandelt, in anderen Fällen einfach das Produkt meiner Eingebung. Alle Rezepturen wurden schon mindestens einmal gebacken, fotografiert und natürlich auch genüsslich verspeist. Viel Spaß also beim Nachbacken und Genießen! Und noch ein Tipp: Mehr Spaß als weihnachtliches Backen an sich ist das weihnachtliche Backen mit Kindern. Lassen wir sie also hemmungslos kleckern und die Küche verwüsten. Wir werden Spaß dabei haben, und die lieben Kleinen auch. Und der wichtige Nebeneffekt ist, dass sie das nicht vergessen und sich später daran erinnern werden, wenn sie mit ihren Kindern in der Weihnachtszeit kneten, ausrollen, ausstechen und Unmengen an Zuckerguss und bunten Streuseln verschwenden.

Über die Autorin

Petra Hermann wagte sich als Hobbyköchin 2009 in die Öffentlichkeit, war in jenem Jahr Gewinnerin der Sendung „Küchenschlacht" (ZDF) und 2011 des Wettbewerbs „Topfgeldjäger" (ZDF). Zur gleichen Zeit begann sie, Kochgeschichten und Rezepte auf ihrem Blog „Obers trifft Sahne" zu sammeln. Rezepte, Geschichten, Berichte von Produzenten, mit und ohne passendes Rezept, füllen mittlerweile fast 1.000 Blogposts. Beim Namen „Obers trifft Sahne" vermutet man ganz richtig Bezüge zur österreichischen Küche, aber vor allem legt Petra Hermann ihren Fokus auf regionales und saisonales Kochen und zeigt, wie man mit wenigen Mitteln und wenig Zeit eine schmackhafte und gesunde Küche auch im Alltag praktizieren kann.

www.oberstrifftsahne.com

Die gelernte Feintäschnermeisterin und Produktdesignerin gründete 1984 in Weimar ihre Firma „twh weimar", die sie vor einigen Jahren an die nächste Generation – ihren Sohn – übergeben hat. Dadurch stand endlich genug Zeit zur Verfügung, sich ihrer zweiten Leidenschaft – der Küche – zu widmen. Sie schrieb viele kulinarische Beiträge, organisierte mehrere Jahre einen regionalen Kochwettbewerb und veröffentlichte 2017 ihr erstes Buch. Unter dem Titel „Weimarer Mundart" nahm sie die Leser mit auf eine Reise quer durch ein Küchenjahr und ihre Heimatstadt Weimar.

Petra Hermanns Küche ist neben vielen eigenen Ideen auch geprägt von überlieferten Rezepten, die immer wieder neu interpretiert werden. „Traditionen leben, ohne verstaubt und langweilig zu sein" ist ihre Devise. Gern möchte sie damit dazu beitragen, dass eine der ältesten Künste – die Kochkunst – nicht aus unserem Alltag verschwindet.

Inhalt

Plätzchen mit Nüssen 81

Index

Rezeptverzeichnis in alphabetischer Reihenfolge

Kuchen macht nicht dick, er zieht nur die Falten glatt.

Kuchen

40 min | 30 min | 30 min/175 °C

Die sommerliche Variante der Lieblingstorte kennen viele auch unter dem Namen Hansentorte, vor allem mit Stachelbeeren. Hier kommt für alle, die auch im Winter nicht auf die Köstlichkeit verzichten wollen, eine weihnachtstaugliche Variante mit Zimt, Kardamom und Mandarinen.

Hanseaten-Torte *weihnachtlich*

Zutaten

16 Stück

— Teig

125 g	**Butter**
125 g	**Zucker**
5	**Eigelb**
150 g	**Mehl**
2 TL	**Backpulver**

— Belag

5	**Eiweiß**
150 g	**Staubzucker**
80 g	**Mandelblättchen**
etwas	**Zimt**

— Füllung

2	**Büchsen Mandarinen, je Abtropfgewicht 175 g**
500 ml	**süße Sahne**
1 EL	**Vanillezucker**
½ TL	**Zimt**
1 Msp.	**Kardamom, gemahlen**

Zubereitung

Eigelb und Zucker zu einer schaumigen Masse rühren. Die weiche Butter zugeben und vermischen. Mehl mit Backpulver mischen und nach und nach zum Teig geben. Eventuell 2–3 EL Milch zugeben, wenn der Teig zu fest ist, er sollte streichfähig sein.

Die Masse auf zwei runde, mit Backpapier ausgelegte Formen ca. 26 cm Durchmesser verteilen oder komplett auf ein Backblech streichen. In dem Fall teilt man das fertig gebackene Stück in zwei Hälften und erhält am Ende 16 eckige Stücken.

Die Eiweiß steif schlagen und dabei den Staubzucker einrieseln lassen. Das Eiweiß auf den Böden gleichmäßig verteilen, darauf die Mandelblättchen und etwas Zimt streuen. Bei 175 °C Ober-/Unterhitze 30 Minuten goldgelb backen. Die Böden auskühlen lassen.

Die Mandarinen aus der Dose befreien und gut abtropfen lassen, die Früchte sollten relativ trocken sein.

Die süße Sahne mit dem Vanillezucker und den Gewürzen sehr steif schlagen. Auf den unteren Boden etwas Sahne streichen und darauf das abgetropfte Obst verteilen. Die restliche Sahne daraufgeben. Aus dem zweiten Boden die Stücke in gewünschter Form und Größe zuschneiden und aneinander gelegt auf die Sahne aufsetzen.

30 min – 50–60 min/175 °C

Diesen Kuchen kennen viele aus dem Urlaub auf Mallorca. In unser weihnachtliches Backbuch hat er es geschafft, weil er ohne Mehl und Fettigkeit nicht so schwer ist, aber trotzdem einen Nachmittag versüßen kann. Und mit Zutaten wie Mandeln, Zimt und Orange passt er nicht nur in den Sommerurlaub, sondern reiht sich auch perfekt ein in das Geschmacksbild der dunkleren Jahreszeit.

Mallorquinischer Mandelkuchen

Gató de almendra

Zutaten

1 Kuchen

8	**Eier, Gr. M**
1 EL	**Vanillezucker**
250 g	**Zucker**
300 g	**gemahlene Mandeln, ohne Haut**
	abgeriebene Schale von 1 Bio-Orange
1 TL	**Zimt**
	gehackte Mandeln
	Puderzucker zum Bestäuben

Zubereitung

Den Ofen auf 175 °C (Umluft 150 °C/Gas: Stufe 2) vorheizen. Eine Springform (26 cm Durchmesser) fetten, die Eier trennen. Eigelb, Vanillezucker und Zucker mit den Schneebesen des Rührgeräts cremig rühren. Die gemahlenen Mandeln, die abgeriebene Orangenschale und den Zimt unterrühren.

Das Eiweiß steif schlagen und vorsichtig unterheben. Die Mandelmasse in die Form streichen. Im heißen Backofen 50–60 Minuten backen. Unbedingt eine Stäbchenprobe machen. Zwischendurch die gehackten Mandeln in einer kleinen Pfanne rösten. Herausnehmen, auskühlen lassen.

Den Kuchen aus dem Ofen nehmen, gleich den Springformrand vorsichtig lösen, auskühlen lassen und dann vom Formboden lösen. Den Kuchen mit Puderzucker bestäuben und mit den gerösteten Mandeln bestreuen.

30 min — 60 min/180 °C

Wir backen einen Zitronenkuchen – nicht mit künstlichem Aroma, sondern mit frischem Zitronensaft, denn das ist wirklich das Beste, was es gibt. Zitrusfrüchte begleiten uns durch die Winterzeit und das Aroma, nicht nur die Säure, aus den frischen Früchten herauszulocken, dauert ein bisschen, lohnt sich aber in jedem Fall.

Zitronenkuchen

Zutaten

1 Kastenform

— Teig

250 g **Butter, weich**

200 g **Puderzucker**

4 **Eier**

Saft einer Zitrone

3–4 **Abrieb Zitronen (je nach Größe)**

2 EL **Rum**

1 Pck. **Backpulver**

Prise **Salz**

50 g **Mandeln, geschält, fein gemahlen**

280 g **Mehl**

— Glasur:

150 g **Aprikosenmarmelade**

100 g **Puderzucker**

1 **Abrieb Zitrone**

Saft einer Zitrone

Zesten einer Bio-Zitrone

30 ml **Wasser**

50 g **Zucker**

Zubereitung

Die weiche Butter und den Zucker so lange schaumig schlagen, bis sich der Zucker ganz aufgelöst hat und die Masse weiß geworden ist. Nach und nach die Eier, Zitronensaft, Zitronenabrieb und den Rum unterschlagen.

Backofen auf 180 °C Ober-/Unterhitze vorheizen und die Kastenform mit etwas Butter ausfetten. Mehl mit Backpulver, Salz und den gemahlenen Mandeln vermischen. Nach und nach unter die restliche Masse rühren. In die Kastenform füllen und auf der mittleren Schiene des Ofens etwa 60 min backen. Stäbchenprobe machen! Für die Glasur den Zitronensaft und den Zitronenabrieb reduzieren, bis etwa 2 EL Menge verbleiben. Durch das Reduzieren werden das Aroma und die Säure verstärkt. Den reduzierten Saft abkühlen lassen und tropfenweise zum Puderzucker rühren, bis die Glasur möglichst dickflüssig, aber streichfähig ist.

In einer kleinen Pfanne das Wasser erwärmen, den Zucker darin auflösen. Die Zesten hineingeben und kandieren lassen, damit sie nicht austrocknen. Die Aprikosenmarmelade unter Rühren etwas erwärmen, bis sie flüssig ist. Den Kuchen vorsichtig aus der Form lösen und noch warm rundherum mit der flüssigen Marmelade einstreichen. Gleich danach großzügig mit der Glasur bestreichen. Die Zitronenzesten aus der Zuckerlösung nehmen, etwas abtropfen lassen und auf dem Kuchen verteilen.

30 min | 1 Nacht | 60–70 min/175 °C

Für diesen Kuchen empfiehlt sich unbedingt die Verwendung von Bio-Orangen, da diese komplett verarbeitet werden. Trotzdem sollte man sie vor dem Kochen noch gründlich reinigen. Belohnt wird man mit einem sehr saftigen und fruchtigen Kuchen, der auch wunderbar als Komponente eines Desserts eingesetzt werden kann, vielleicht mit Vanilleeis und Gewürzorangen.

Saftiger Orangenkuchen

Zutaten

ca. 12 Stück

- 2 **große Bio-Orangen**
- 6 **Eier, Gr. L**
- 3 EL **Grand Marnier, Orangenlikör**
- 250 g **Zucker**
- 250 g **gemahlene Mandeln**
- 2 TL **Backpulver**
- **Puderzucker zum Bestäuben**

Zubereitung

Die Orangen in einen kleinen Topf geben und mit Wasser bedecken. Zum Kochen bringen und bei geschlossenem Deckel 2 Stunden leise köcheln lassen. Bei Bedarf etwas Wasser nachfüllen. Die Orangen aus dem Wasser nehmen und auskühlen lassen. Dann halbieren und eventuelle Kerne entfernen.

Die Orangen pürieren. Das kann man auch am Vortag machen, dann ist das Püree zum Backen schon gekühlt. Den Likör unterrühren. Den Ofen auf 175 °C Ober-/Unterhitze vorheizen.

Mit der Küchenmaschine oder dem Handrührgerät die Eier und den Zucker schaumig rühren. Dann die pürierten Orangen, Mandeln und Backpulver zufügen und rühren bzw. mixen, bis eine homogene Masse entstanden ist.

Eine 24-cm-Springform mit Backpapier auskleiden und gut buttern oder mit einem anderen Fett bzw. Öl einpinseln. Den Teig in die Form geben und glatt streichen. 60–70 Minuten backen, aber unbedingt die Stäbchenprobe machen.

Auskühlen lassen und nach Belieben mit Puderzucker bestäuben. Der Kuchen hält sich sehr gut frisch, mindestens über 2–3 Tage.

30 min — 50 min/180 °C

Dieser Sonntagskuchen macht Herbst und Winter alle Ehre. Birne und Nüsse sind ein Traumpaar und man kann sowohl frisches Obst als auch eingeweckte Birnen verwenden. Saftiger Mandelteig mit weichem, aromatischem Obst und knusprigen Haselnüssen – damit verführt man alle.

Mandel-Birnen-Kuchen

Zutaten

für eine Kuchenform Ø 26 cm

4	**reife Birnen, geschält, entkernt, in Stücken (ergibt ca. 250 g)**
1 EL	**Zitronensaft mit etwas Wasser**
1 Msp.	**Nelke, gemahlen**
50 g	**Butter, weich**
150 g	**Zucker**
Prise	**Salz**
2	**Eier**
1	**Zitrone, abgeriebene Schale**
250 g	**Mandeln, gemahlen, alternativ Haselnüsse**
100 g	**Mehl**
1 TL	**Backpulver**
4	**Birnen geschält, entkernt, halbiert**
1½ EL	**brauner Zucker**
1 Hand	**Haselnüsse**
1 EL	**Aprikosenkonfitüre**

Zubereitung

Die Birnenstücke mit dem Nelkenpulver, etwas Zitronensaft und Wasser zugedeckt bei kleiner Hitze ca. 10 Minuten kochen. Bei der Verwendung von Obstkonserven entfällt das Kochen. Wenn sie weich sind, pürieren und die Masse auskühlen lassen.

Die weiche Butter in einer Schüssel mit dem Zucker und der Prise Salz schaumig rühren. Die Eier nach und nach dazugeben und so lange rühren, bis die Masse heller ist. Die abgeriebene Zitronenschale, Birnenmus und Mandeln hinzufügen. Mehl und Backpulver mischen und zum Schluss unter den Teig rühren. Den Boden der Form mit Backpapier auslegen und den Rand fetten. Den Teig in die Form geben und glatt streichen. Den Ofen auf 180 °C Ober-/Unterhitze vorheizen.

Die Birnenhälften sehr fein einschneiden, so dass sie aber noch zusammen halten, und sie gleichmäßig verteilt auf den Teig legen. Die grob gehackten Nüsse und etwas braunen Zucker darüberstreuen und etwa 50 Minuten goldbraun backen. Zwischen den Birnen mit dem Stäbchen eine Probe machen.

Zum Schluss den Kuchen aprikotieren: Die Aprikosen-konfitüre leicht erhitzen und den Kuchen damit bestreichen.

...FÜR DICH
...FÜR DICH
...FÜR DICH

30 min | 60 min | 45 min/190 °C

Auch ein Obstkuchen passt perfekt in die Weihnachtszeit, wenn er etwas gehaltvoller daherkommt. Hier ist er inspiriert von einem völlig anderen Gebäck, einem traditionellen aus Sachsen, der Leipziger Lerche. Der Geschmack mit der Makronenmasse auf dem Mürbeteig wird mit der Schicht aus gut gewürztem Pflaumenmus schon weihnachtlich. Selbstverständlich eignen sich auch eingeweckte Pflaumen, die gut abtropfen müssen.

Pflaumenkuchen *mit Makronenmasse*

Zutaten

für eine Springform 30 cm

— Teig

250 g Mehl
Prise Salz
1 Ei
80 g Zucker
1 EL Rum
120 g Butter

— Füllung

130 g Butter
1 Eigelb
4 Eiweiß
150 g Marzipan-Rohmasse
75 g Mehl
1 EL Speisestärke
Prise Salz
100 g Pflaumenmus
400 g Zwetschgen oder Pflaumen
etwas brauner Zucker
1 TL Zimt

Zubereitung

Für den Teig alle Zutaten, außer der Butter, in eine Schüssel geben. Die Butter schmelzen, etwas abkühlen lassen und löffelweise während des Rührvorgangs zum Teig geben. Mit der Hand nochmals kräftig durchkneten und im Kühlschrank etwa 30 Minuten ruhen lassen.

Die Eiweiß mit einer Prise Salz steif schlagen. Für die Füllung die weiche Butter schaumig rühren, Eigelb, Puderzucker, Stärke und Mehl daruntermischen. Das Marzipan mit einem Reibeisen reiben und dazugeben. Das Eiweiß vorsichtig unter die Marzipanmasse heben.

Den Teig ausrollen und in der Form einen Rand andrücken. Den Teigboden mit dem Pflaumenmus bestreichen. Darüber die Marzipanmasse gießen und die Pflaumen darauf anordnen. Diese werden noch mit etwas braunem Zucker und Zimt bestreut und der Kuchen wird im vorgeheizten Backofen bei 190°C Ober-/ Unterhitze ca. 45 Minuten gebacken. Er sollte goldbraun sein. Mit dem Stäbchen testen, ob die Marzipanmasse bis in die Mitte gestockt ist.

30 min | 60 min | 55–60 min/180 °C

Orientalische Gewürze haben in den letzten Jahren auch unsere Küchen und Backstuben erobert und Kardamom gehört ganz selbstverständlich zu unserem Repertoire. Rosenwasser aus duftenden Damaszener Blüten wird auch in Deutschland hergestellt. Was liegt also näher, als einmal einen duftenden, aromatischen Grießkuchen zur Weihnachtszeit zu backen.

Orientalischer Grießkuchen

Zutaten

für eine Gugelhupfform

— Teig

- **150 g Pistazienkerne**
- **100 g gemahlene Mandeln**
- **170 g Weichweizengrieß**
- **2 TL Backpulver**
- **1 TL Salz**
- **200 g Butter, weich**
- **200 g Zucker**
- **4 Eier, groß**
- **1 TL Zitronenabrieb**
- **1 EL Zitronensaft**
- **1 TL Kardamom, gemahlen**
- **2 EL Rosenwasser**
- **1 Vanilleschote**
- **100 ml Rosensirup**

— Zuckerguss

- **1 Granatapfel**
- **Puderzucker**
- **50 g Kokosfett**

Zubereitung

Die Guglhupfform mit Backpapier an Rand und Boden auslegen oder eine aus Silikon einfetten. Den Ofen auf 180 °C Ober-/Unterhitze vorheizen.

Die Pistazien sehr fein zermahlen. Mit Mandeln, Grieß, Backpulver, Salz und Kardamom vermischen. Die weiche Butter mit dem Zucker cremig schlagen. Nach und nach die Eier dazugeben und dabei weiterrühren. Von Hand mit der Teigkarte die trockenen Zutaten zügig gleichmäßig unterheben. Zitronensaft, Rosenwasser und das ausgekratzte Vanillemark hinzufügen. Den Teig in die Form füllen und gleichmäßig verteilen. Für 55–60 Minuten backen und unbedingt eine Stäbchenprobe machen. Den Kuchen aus dem Ofen nehmen, aus der Form stürzen und noch heiß mit dem Sirup übergießen. Jetzt den Kuchen vollständig abkühlen lassen, das geht auch über Nacht.

Für den Guss den Granatapfel entkernen, diese vorsichtig erhitzen, bis Saft austritt, und dann im eigenen Saft leicht köcheln. Die Kerne durch ein Sieb streichen. Saft und so viel Puderzucker vermischen, bis eine cremige Paste entsteht. Das Kokosfett schmelzen und langsam unter den Puderzucker rühren, so lange, bis die Fettigkeit völlig eingearbeitet ist.

Den Kuchen mit Guss bestreichen und nach Belieben dekorieren.

30 min · 1 h · 30 min/180 °C

Mit Zimt und Zucker kann ja jeder, aber das ist ein Apfelkuchen der anderen Art. Er ist süß, aber auch herzhaft und vereint ein paar Aromen, die einfach nur großartig zusammen passen. Salziges Karamell mit Nüssen trifft auf Kräuter und etwas Ziegenkäse. Wer sich traut, wird begeistert sein.

Apfel-Galette *mit Ziegenkäse & Kräutern*

Zutaten

1 Gallette Ø ca. 20 cm

— Mürbeteig

250 g	**Mehl**
100 g	**Zucker**
160 g	**Butter, kalt**
2	**Eier**
Prise	**Salz**
2	**Äpfel, groß**
150 g	**Ziegenfrischkäse, Natur mild**
1	**Zweig Thymian, klein**
1	**Zweig Rosmarin, 3 cm**
8	**Walnüsse**
100 g	**Zucker**
100 ml	**süße Sahne**
	Meersalz

Zubereitung

Mehl in eine Schüssel sieben und die Butter in kleinen Stücken hineinschneiden, dazu Zucker, die Prise Salz und die Eier geben. Rasch zu einem geschmeidigen Teig verkneten und in Klarsichtfolie im Kühlschrank ruhen lassen.

Äpfel vierteln, das Kerngehäuse ausschneiden und mit der Schale in Scheiben schneiden. 1 EL Wasser und 100 g Zucker karamellisieren lassen und mit der Sahne aufgießen. Ist der Karamell losgekocht, noch 100 ml Wasser zugeben und die Äpfel darin leicht glasig werden lassen. Dazu den abgerebelten Thymian und den sehr klein gehackten Rosmarin geben. Die Apfelscheiben aus der Pfanne holen und abkühlen lassen. Die restliche Flüssigkeit einkochen, bis sie dicklich ist, und mit Salz abschmecken.

Den kalten Mürbeteig rund auf Backpapier ausrollen, darauf Ziegenfrischkäse pur dünn aufstreichen und dabei einen äußeren Rand von 6–7 cm frei lassen. Die Apfelscheiben darauf schichten, dann den Rand der Galette rundherum hochklappen. Der Teig darf nicht reißen, damit beim Backen später keine Flüssigkeit auslaufen kann.

In dem eingekochten Salzkaramell die geknackten und grob zerteilten Walnüsse wälzen und alles auf den Äpfeln verteilen. Den Ofen auf 180 °C Umluft vorheizen. In der Mitte des Ofens die Galette jetzt 30 Minuten backen, bis sie goldbraun ist.

60 min | 1 h | 50 min/170 °C

Wenn im Herbst die Ernte der aromatischen Birnen beginnt, sollte man diesen Kuchen unbedingt probieren. Der feine Teig mit den exotischen Aromen und die saftige Birne als Kontrast in Textur und Geschmack sind ein Höhepunkt auf jeder Kaffeetafel. Werden Kinder davon essen, kocht man die Birnen in einem säuerlichen Trauben- oder Apfelsaft.

Birnenkuchen *mit Kardamom*

Zutaten

für eine 1½ l Kastenform

— Birnen

- **3–4 Birnen**
- **500 ml Riesling**
- **250 g Zucker**
- **½ l Wasser**
- **2 Zimtstangen**
- **8 Kardamom-Kapseln**
- **4 Gewürznelken**
- **3 Sternanis**

— Kuchen

- **200 g Butter**
- **200 g Zucker**
- **200 g Mehl**
- **4 Eier**
- **2 TL Backpulver**
- **1 EL Kardamom, gemahlen**
- **½ TL Ingwer, gerieben**
- **100 g Vollmilch-Kuvertüre**
- **50 g Nougat**
- **4–5 Walnüsse**

Zubereitung

Zuerst den Weißwein zusammen mit dem Wasser, dem Zucker und den Gewürzen aufkochen und die Birnen schälen. Die Schale am Stiel-Ansatz nicht entfernen und am anderen Ende die Früchte gerade schneiden, damit sie gut stehen. Je nach Größe etwa 30–40 Minuten pochieren. Die Birnen herausnehmen und den Sud auf die Hälfte einkochen lassen.

Die Butter mit dem Zucker schaumig schlagen und nach und nach die Eier zugeben. Dann das Mehl, Backpulver, Ingwer und den Kardamom untermischen und alles gut verrühren. Eine große Kastenform mit Backpapier auslegen. Den Teig einfüllen und die Birnen einsetzen. Bei 170 °C Umluft etwa 50 Minuten backen. Während der ersten 10 Minuten prüfen, ob die Birnen noch gerade stehen.

Den Kuchen aus der Form nehmen, etwas auskühlen lassen und mit dem Sirup vom Birnen-Kochen sehr großzügig tränken und rundherum bepinseln. Dann den Kuchen komplett auskühlen lassen. Die Schokolade mit dem Nougat über einem Wasserbad schmelzen und den Kuchen glasieren. Für das Topping noch ein paar Walnüsse karamellisieren und darüberstreuen.

60 min · 1 Nacht · 80 min/180 °C

Was zum Weihnachtsfest nicht fehlen darf, ist ein weihnachtlicher Kuchen. In erster Linie ist das Stollen, aber auch der Gewürzkuchen oder auch Früchtekuchen ist eine schöne Abwechslung. Man backt ihn mindestens zwei Wochen vor Weihnachten, damit er gut durchziehen kann.

Weihnachtlicher Früchtekuchen *mit Gewürzen*

Zutaten

für eine große Kastenform

1	Zitrone
1	Orange
100 ml	Brandy
100 g	Sultaninen
100 g	Feigen, getrocknet
100 g	Aprikosen, getrocknet
100 g	Trockenpflaumen
100 g	Schokotröpfchen, zartbitter
150 g	ganze Haselnüsse
25 g	Orangeat
25 g	Zitronat
1 TL	Zimt
1 TL	Kardamom, gemahlen
250	Mehl
250	Butter
200	Zucker
1 Pkt.	Backpulver
1 EL	Vanillezucker
4	Eier

— zum Tränken des Kuchens

100 ml	Brandy
60 g	Butter

Zubereitung

Am Abend vor dem Backen Orange und Zitrone abreiben, die Trockenfrüchte schneiden, mit Sultaninen, Orangeat und Zitronat in eine Schüssel geben. Die Orange auspressen und den Saft mit dem Brandy mischen, über die Früchtemischung geben und abdecken. Über Nacht marinieren und schön durchziehen lassen.

Die Butter mit Eiern und Zucker schaumig schlagen. Das Mehl mit dem Backpulver durch ein Sieb streichen und alles zu einem fluffigen Teig verarbeiten. Die eingeweichten Früchte, die Schokotröpfchen, die Gewürze und die grob gehackten Nüsse dazugeben und alles gut durchmischen.

Eine große Kastenform einfetten, die Teigmasse einfüllen und glatt streichen. Den Kuchen jetzt bei 180 °C Ober-/ Unterhitze ca. 80 Minuten backen (Stäbchenprobe). Die letzten 15 Minuten etwas abdecken, damit er nicht zu braun wird. Den abgekühlten Kuchen aus der Form nehmen. In einem Topf die Butter zerlassen und mit dem Brandy vermischen. Damit mehrfach den Kuchen bestreichen, so lange, bis die Flüssigkeit aufgebraucht ist.

Obenauf nur mit etwas Staubzucker bestreuen. Frisch schmeckt er schon sehr gut, aber sein richtiges Aroma entfaltet er frühestens nach 3–4 Tagen.

30 min | – | 60 min/175 °C

Wenn es im Herbst langsam so ein bisschen heimelig draußen wird, früher dunkler und natürlich auch etwas kälter, kann man schon mal an die Verarbeitung der weihnachtlichen Gewürze denken. Noch nicht so aus dem Vollen schöpfen, aber es riecht und schmeckt schon ein bisschen nach den Zutaten, die unser Blut aufheizen. Zimt und Kardamom, ein bisschen Kakao, ein paar Nüsse. Ein wunderbarer Guglhupf für den Kaffeetisch, an dem schon mal die ersten Kerzen brennen und der Kaffee oder Tee schön heiß dampft.

Gewürzguglhupf

Zutaten

für eine Guglhupf-Form

- **300 g** **Butter**
- **125 g** **Zucker**
- **4** **Eier, Größe M**
- **250 g** **Weizenmehl**
- **3 TL** **Backpulver**
- **2 EL** **Back-Kakao**
- **50 g** **Pinienkerne oder Haselnüsse**
- **50 g** **Rosinen**
- **125 ml** **Milch**
- **150 g** **Raspelschokolade, Zartbitter**
- **Prise** **Salz**
- **1 EL** **Vanillezucker**
- **2 TL** **Lebkuchengewürz**
- **2 TL** **Zimt**
- **¼ TL** **Kardamom, gemahlen**
- **200 g** **Kuvertüre nach Belieben zum Bestreichen**

Zubereitung

Die weiche Butter mit dem Zucker schaumig rühren, nach und nach unter ständigem Rühren die Eier dazugeben, danach löffelweise die Milch. Die trockenen Zutaten wie Mehl, Kakao und Backpulver, Salz, Vanillezucker und die Gewürze vermischen und diese nach und nach zu der Butter-Eier-Masse geben. Das Ganze schön cremig rühren. Die grob gehackten Nüsse, die Rosinen und die Raspelschokolade gründlich mit dem Teig vermischen. Diesen in die ausreichend gefettete Form einfüllen und 1–2 mal kräftig auf der Unterlagen aufstoßen, damit der Teig keine Luftlöcher bekommt.

Am besten bäckt der Kuchen in einer Silikonform, daraus lässt er sich problemlos lösen. Im vorgeheizten Backofen bei 175 °C Ober-/Unterhitze ca. 60 Minuten backen. Unbedingt eine Stäbchenprobe machen.

Wenn der Kuchen völlig erkaltet ist, ihn aus der Form holen und mit der auf dem Wasserbad geschmolzenen Kuvertüre bestreichen.

90 min | 1 Nacht/1 h/30 min/1 h/20 min | 60 min/170 °C

Für Weihnachtsstollen gibt es in fast jeder Familie ein Rezept, welches überliefert und gehütet wird. Aber nur wenige backen ihn heute noch selbst. Dabei ist das mit den Backöfen der neuen Generation so einfach und die meisten Zutaten gibt es schon mundgerecht vorbereitet. Es spricht also nichts dagegen. Zumal: Ein selbst gebackener Weihnachtsstollen schmeckt nicht nur um Längen besser als ein gekaufter, er ist auch ein gern gesehenes Geschenk.

Thüringer Stollen

Zutaten

Menge für 4 Stollen

500 g	**Mehl, Typ 550**
150 g	**Zucker**
600 g	**Butter,**
100 g	**Zitronat**
100 g	**Orangeat,**
400 g	**Mandeln,**
400 g	**Rosinen**
200 g	**Korinthen**
126 g	**Hefe**
3 Pkt.	**Vanillezucker**
1 TL	**Salz**
1	**Zitrone**
50 ml	**Rum**
600 ml	**Milch**
	Milch zum Quellen
250 g	**Butter**
	Kristallzucker
	Puderzucker

Zubereitung

Am Vorabend die Rosinen und Korinthen in Rum einweichen. Am Backtag als Erstes die Mandeln mit 100 ml Milch überbrühen, quellen lassen und dann durch ein Sieb abtropfen. Die Milch auffangen, und zusammen mit der restlichen Milch für den Ansatz des Hefe-Vorteiges verwenden. Den 30 Minuten ruhen lassen und mit dem Abrieb der Zitrone, mit dem restlichen Mehl, der Butter und den anderen Zutaten gründlich verkneten.

Den Teig 60 Minuten bei etwa 30 Grad gehen lassen, bis sich das Volumen sichtbar vergrößert hat. Die Menge vierteln und zu Stollen formen. Diese auf mit Backpapier belegte Bleche legen und erneut 20 Minuten abgedeckt gehen lassen.

Die Backzeit im auf 170°C Umluft (190°C Ober-/Unterhitze) vorgeheizten Ofen beträgt ca. 60 Minuten. Einzeln backen, oder bei Umluft auch 2 Bleche zusammen.

Butter in einem Topf schmelzen und die Stollen damit rundherum großzügig bestreichen. Sofort mit Kristallzucker bestreuen. So bildet sich eine Kruste, die den Stollen feucht hält. In Tüten aufbewahren und bestenfalls 2 Wochen durchziehen lassen, wenn man es denn schafft. Vor dem Anschneiden mit reichlich Puderzucker bestäuben.

40 min | – | 10 min/50 min/185 °C

Eine schokoladig-fruchtige Torte, die durch die verschiedenen Schichten bei jedem Biss ein wenig anders schmeckt. Die kleine Mühe dafür lohnt sich. Die Aprikosen können frisch oder aus der Konserve sein und es eignet sich auch anderes Obst, wie zum Beispiel Birnen.

Schokoladen-Aprikosen-Torte

Zutaten

für Backform mit Ø ca. 26 cm

— Teig

- **200 g** **Eiweiß (ca. 5 Eier)**
- **180 g** **Zucker**
- **250 g** **Mandeln, gemahlen**
- **180 g** **Butter**
- **1 Pkt.** **Blätterteig**

— Teigschichten

- **2 EL** **Kakao**
- **2 EL** **Milch**
- **6** **Aprikosen**
- **2 EL** **Aprikosenlikör**
- **2 El** **Blaumohn, ungemahlen**

— Finish

- **3** **Aprikosen**
- **1 Tafel** **Schokolade, 70% Kakao**
- **100 ml** **süße Sahne**
- **100 g** **Zucker**
- **100 ml** **süße Sahne**
- **Nüsse**

Zubereitung

Das Eiweiß sehr steif schlagen und zum Ende hin den Zucker einrieseln lassen. Die gemahlenen Mandeln unterheben. Die Butter schmelzen, abkühlen lassen und langsam unter die Mandel-Eiweiß-Masse rühren.

Den Teig in 3 gleiche Teile teilen und die Schichten mit den jeweiligen Zutaten verrühren. In die Backform unten den Blätterteig eindrücken und 10 Minuten bei 185 °C backen. Etwas abkühlen lassen und danach die einzelnen Schichten einfüllen und glatt streichen. Unten Kakao, in die Mitte die fruchtige Schicht, oben die Mohnschicht.
Den Kuchen im vorgeheizten Backofen bei 185 °C Ober-/Unterhitze ca. 50 Minuten backen. Unbedingt eine Stäbchenprobe machen. Den Kuchen aus der Form lösen und dann komplett erkalten lassen.

Die Aprikosen in Achtel schneiden und in etwas Zucker karamellisieren. Beiseitestellen und erkalten lassen.
Bei der Verwendung von Obst aus der Konserve entfällt das. Hier das Obst nur abtropfen lassen. Den Zucker in der Pfanne karamellisieren lassen und mit der Sahne aufkochen, erkalten lassen.

Die Schokolade in der Sahne im Wasserbad schmelzen und gut verrühren, damit die Ganache schön cremig wird. Den Kuchen komplett mit der Ganache übergießen und am Rand verstreichen. Den Karamell streifenförmig auf dem noch nassen Guss aufbringen und sofort mit einem Stäbchen verziehen. Mit den Aprikosen und Nüssen garnieren.

20 min | 1 Nacht | 40 min/190–200 °C

Hier treffen sich feiner Schokoladenbisquit, Lebkuchencreme, fruchtige Orange, weiße Schokolade und Pistazie. Auch wenn es Weihnachten gut zu essen gibt und jeder schreit, ja nicht zu viel zum Kaffee zu machen: Ein paar Plätzchen reichen doch, wenn eine schöne Torte auf dem Tisch steht, greifen alle zu. Gerade in der Weihnachtszeit, wenn man mal Zeit hat, kann man sich auf ein solches „Projekt" voll konzentrieren. Das gelungene Prachtstück lässt bei Bäcker*in und Gästen die Augen strahlen.

Weihnachtstorte

Zutaten

3 Böden, Ø 18 cm, 6 cm hoch

— Bisquitboden

8	**Eier**
5 EL	**warmes Wasser**
200 g	**Zucker**
90 g	**Speisestärke**
200 g	**Mehl**
70 g	**Kakaopulver**
3 TL	**Backpulver**
Prise	**Salz**

Zubereitung

Herstellung der Bisquitböden

In einer Rührschüssel das Eigelb mit dem Zucker schaumig rühren, dann das Wasser und das Salz langsam dazugeben. In einer anderen Rührschüssel das Eiweiß schaumig schlagen und vorsichtig unterheben. Nun Mehl, Speisestärke, Kakao und Backpulver mischen und auf den Teig sieben. Auch das vorsichtig unterheben. Zügig arbeiten, damit der Teig nicht wieder zusammenfällt.

Backformen einfetten und den Boden mit Backpapier auslegen, den Teig verteilt hineingießen und im auf 190–200 °C Ober-/Unterhitze (oder Gas Stufe 3) vorgeheizten Backofen 40 Minuten backen.

Kurz abkühlen und dann auf einem Kuchengitter auskühlen lassen. Die Böden am Vortag backen, dann lassen sie sich besser durchschneiden. Zum Füllen 2–3 Mal waagerecht durchschneiden und vorsichtig beiseitelegen. Einen „schönen" Boden für oben aufheben.

weiter auf der nächsten Doppelseite

90 min | 30 min/ 1 Nacht | 4–5 min/180 °C

Zutaten

— Lebkuchencreme

750 g	**Mascarpone**
400 ml	**süße Sahne**
2 Pkt.	**Sahnesteif**
2 TL	**Lebkuchengewürz**
150 g	**Puderzucker**

— Orangenmasse

4	**mittlere Orangen**
1 EL	**Speisestärke oder Gelatine für 250 ml Flüssigkeit**
3 EL	**Zucker**
4 cl	**Orangenlikör**
etwas	**Aprikosenkonfitüre**

Zubereitung

Herstellung der Lebkuchencreme

Mascarpone mit dem Rührgerät etwas aufrühren, Zucker und Lebkuchengewürz gut damit mischen. Die süße Sahne mit dem Sahnesteif nach Packungsanweisung steif schlagen und vorsichtig unter die Mascarpone-Masse heben. Gut mischen und die Creme im Kühlschrank ruhen lassen.

Herstellung der Orangenmasse

Die Orange filetieren und den Saft auffangen. Die Filets in kleinere Stücke zerteilen, den Saft auf 250 ml Flüssigkeit mit Orangensaft oder Apfelsaft auffüllen und mit Speisestärke oder Gelatine nach Packungsanweisung aufkochen. Orangenlikör und die Filets dazugeben.

Diese Masse erst zubereiten, wenn die Torte gestapelt werden soll. Sie wird sonst fest, bevor man sie aufgestrichen hat.

Herstellung der Dekoration

Puderzucker, Mehl, Eiweiß und Milch mit den Schneebesen des Handrührgerätes glatt und klümpchenfrei verrühren. Wenn Klümpchen entstehen, den Teig durch ein Sieb streichen. Den Teig mit Folie abdecken und für 30 Minuten im Kühlschrank kalt stellen. Dadurch quillt das Mehl auf und der Teig wird etwas fester. Hippenmasse dünn auf eine Silikonbackmatte streichen. Im vorgeheizten Backofen bei 180 °C Umluft etwa 4–5 Minuten goldbraun backen.

Inzwischen einen Papierschnitt anfertigen, der die Form der Back-Kegel abdeckt. Die Hippenmasse noch heiß zuschneiden und um die leicht geölte Form fest andrücken. Enden gut übereinander legen. Nachdem der Teig etwas erkaltet ist vom Kegel abziehen und gleich in der Höhe kürzen. Die Kegel einen Tag aushärten lassen.

Die Pistazien grob hacken. Die Schokolade temperieren und die Kegel damit bestreichen. Gleich in den Pistazien wälzen und die kleinen Kugeln ankleben. Die Marzipanmasse kneten und dabei färben. Mit Puderzucker ausrollen und Sterne ausstechen. Kleine rote Kugeln für die Bäumchen drehen und mit etwas Zuckersirup ankleben.

Finish

Die Bisquitböden mit etwas Likör beträufeln, für den obersten Boden Aprikosenkonfitüre mit etwas Orangenlikör verrühren und dünn aufstreichen.

Die Torte Schicht für Schicht zusammen setzen. Zwischendurch immer wieder fest (nicht zu fest) andrücken und im Kühlschrank etwas anziehen lassen. Die Torte so oft wie möglich mit einer Creme oder den Orangen füllen, aber aufpassen, dass sie die Stabilität nicht verliert. Angestrebt sind am Ende 22 cm Höhe, ohne die Bäumchen, bei 19 cm Durchmesser.

Die Creme außen gleichmäßig verstreichen und die Torte eine Nacht kalt stellen. Die Dekoration erst anbringen, bevor die Torte serviert wird.

— Hippenmasse

80 g	**Puderzucker**
80 g	**Mehl**
100 ml	**Milch**
1	**Eiweiß**
	weiße Schokolade
60 g	**Pistazienkerne**
	Perlen nach Geschmack

— Marzipanmasse

rotes Fruchtpulver und Pandan (pflanzlicher grüner Farbstoff)

Puderzucker

30 min | – | 45 min/180 °C

Anthocyan macht aus einer einfachen Orange eine Blutorange. Das Innere der Früchte wird erst dann blutrot, wenn sie einem großen Unterschied von Tag- und Nachttemperaturen ausgesetzt sind. Die Färbung wird durch einen genetischen Parasit herbeigeführt, der sich erst bei Stress bemerkbar macht. Mit dem besonderen Geschmack und dem bizarren Aussehen, machen die Blutorangen diesen Kuchen zum Star der Kaffeetafel.

Blutorangenkuchen

Zutaten

für eckige Form ca. 25 × 35 cm

— Teig

- **250 g** **Butter, weich**
- **200 g** **Puderzucker, alternativ: normaler Haushaltszucker**
- **4** **Eier**
- **1** **Blutorange, Saft (ggf. 2 kleine)**
- **Abrieb einer Zitrone**
- **Abrieb einer Orange**
- **1 Pck.** **Backpulver**
- **Prise** **Salz**
- **50 g** **Mandeln, geschält, sehr fein gemahlen**
- **280 g** **Mehl**

— Glasur

- **3 EL** **Aprikosenmarmelade**
- **100 g** **Puderzucker**
- **Abrieb einer Orange**
- **2** **Blutorangen, Saft**
- **4** **Blutorangen (für die Scheiben)**

Zubereitung

Die sehr weiche Butter und den Zucker so lange schaumig schlagen, bis sich der Zucker ganz aufgelöst hat und die Masse weiß geworden ist. Nach und nach Eier, Orangensaft und Zitrusabrieb unterheben. Das Mehl mit dem Backpulver, Salz und den Mandeln vermischen und nach und nach zur restlichen Masse dazu geben. Den Backofen auf 180 °C Ober-/Unterhitze vorheizen und eine flache Kastenform mit dem Teig füllen, dabei schön glatt streichen. Auf der mittleren Schiene etwa 45 Minuten goldgelb backen. Unbedingt die Stäbchenprobe machen.

Inzwischen den Orangensaft für die Glasur in einem kleinen Topf erhitzen und den Orangenabrieb hinein geben. Den Saft bis zu etwa 3 EL Menge reduzieren, danach vom Herd nehmen und abkühlen lassen. Wenn der eingekochte Saft lauwarm ist, diesen tropfenweise zum Puderzucker geben bis die Glasur schön dickflüssig, aber streichfähig ist.

Die Blutorangen schälen, in Scheiben schneiden und auf einem Küchenkrepp die Unterseite etwas entfeuchten. Aprikosenmarmelade in einen Topf erwärmen, bis sie etwas flüssig ist. Damit die Oberfläche des noch warmen Kuchens bestreichen und gleich danach großzügig die Glasur auftragen. Die Orangenscheiben auf die noch feuchte Glasur auflegen und den Kuchen danach komplett auskühlen lassen.

30 min — 60 min/190 °C

In der Weihnachtszeit verlangt es doch manchmal auch nach einem ganz normalen, einfachen Kuchen. Da fällt vielen der Marmorkuchen ein, den man durch die Verwendung von Schokolade statt Kakao und auch noch etwas Likör zu einem festlichen Kuchen machen kann. Wer keinen Likör mag, kann die angegebene Menge gern durch süße Sahne ersetzen.

Saftiger Marmorkuchen

Zutaten

für 1 Guglhupf

250 g	**Zucker**
250 g	**weiche Butter**
5	**Eier**
150 ml	**Baileys Likör**
300 g	**Mehl**
1	**Tafel Schokolade mit mind. 50% Kakao**
2 TL	**Backpulver**
Prise	**Salz**
1	**Vanilleschote**
½	**Abrieb einer Zitrone**

Zubereitung

Die weiche Butter mit dem Zucker verrühren, die Eier nach und nach unter Rühren dazugeben, bis die Masse luftig und schaumig ist. Das Mehl mit dem Backpulver vermischen, zur Eimasse geben und cremig rühren. 100 ml vom Likör dazugeben und verrühren.

Die Hälfte der Schokolade auf dem Wasserbad schmelzen. Die andere Hälfte grob hacken und beides vermischen. Den Teig teilen, die eine Hälfte mit dem Zitronenabrieb und dem Inhalt der Vanilleschote vermengen. In die zweite Hälfte den restlichen Likör und die Schokolade rühren.

Beide Teige in eine leicht gefettete Gugelhupfform füllen, zuerst den hellen, dann den dunklen Teig. Mit der Gabel verquirlen und im vorgeheizten Ofen bei 190 °C Ober-/Unterhitze ca. eine Stunde backen.

Stäbchenprobe machen. Den Kuchen aus dem Ofen holen, 5 Minuten erkalten lassen und stürzen. Komplett auskühlen lassen und mit Puderzucker bestreuen.

20 min ⏱ – 40 min/160 °C

Der saftige, extrem schokoladige Brownie hat längst einen Platz in unseren Rezeptbüchern gefunden. Kommen dann noch Obst und knackige Streusel obenauf, kann man ihn jeder Jahreszeit anpassen. Für unsere winterliche Variante passen saftige Birnen und Zimtstreusel.

Brownie *mit Obst und Streuseln*

Zutaten

für ein Blech ca. 30 × 25 cm

— Teig

- **80 g Mehl**
- **30 g Kakaopulver**
- **1 TL Backpulver**
- **200 g Zartbitterschokolade**
- **150 g Butter**
- **3 Eier**
- **150 g Zucker**
- **Prise Salz**

— Belag

- **3 frische reife Birnen, alternativ aus der Konserve**
- **150 g Mehl**
- **80 g Zucker**
- **80 g Butter**
- **Staubzucker**

Zubereitung

Die Butter mit der Schokolade in einem Topf bei geringer Hitze zum Schmelzen bringen und etwas abkühlen lassen. Den Ofen auf 160 °C Umluft vorheizen und eine eckige Form mit Backpapier auslegen.

Das Mehl mit dem Kakaopulver und Backpulver mischen. Die Eier mit dem Zucker und der Prise Salz schaumig aufschlagen, Mehlmischung und die flüssige Schokobutter nacheinander langsam unterrühren.

Den Teig in die Form füllen und glatt streichen. Die Birnen vorbereiten und die Früchte auf dem Brownie-Teig gleichmäßig verteilen.

Mehl, Zucker und Butter zu Streuseln verarbeiten und auf dem Kuchen verteilen. Im vorgeheizten Ofen für etwa 40 Minuten backen. Der Brownie-Teig sollte noch schön feucht sein, aber nicht klebrig, deshalb unbedingt ab 30 Minuten eine Stäbchenprobe machen.

Den Brownie abkühlen lassen, aus der Form heben, in quadratische Stücke schneiden und mit etwas Puderzucker bestreuen.

15 min — 20 min/180 °C

Wer es süß mag, hat schon festgestellt, dass in diesem Büchlein gern auch einmal quer gedacht wird. Und so kommt es, dass auch der Blondie ein bisschen gegen den Strich gebürstet ist, mit Salzkaramell und gesalzenen Erdnüssen. Also blond, aber nicht harmlos!

Blondie *mit Erdnüssen*

Zutaten

für rechteckige Backform
ca. 23 × 30 cm

100 g	**weiße Schokolade**
100 g	**Butter, in Stückchen**
100 g	**Zucker**
4 EL	**Vanillezucker**
2	**Eier, Größe L**
Prise	**Salz**
225 g	**Mehl**
1 TL	**Backpulver**
100 g	**Erdnüsse, geröstet, gesalzen**
100 g	**Zucker**
100 ml	**süße Sahne**
¼ TL	**Meersalz**

Zubereitung

Die rechteckige Backform mit Backpapier auslegen, dieses andrücken, knicken und das Überstehende abschneiden. Den Ofen auf 180 °C Ober-/Unterhitze vorheizen.

Die weiße Schokolade mit der Butter in eine Schüssel geben, auf einem Wasserbad schmelzen und etwas abkühlen lassen. Zwischendurch umrühren. Den Zucker, Vanillezucker und die Eier ca. 3 Minuten hellcremig aufschlagen. Die leicht abgekühlte Schokoladen-Butter-Mischung zugeben und unterrühren.

Mehl, Backpulver und Salz mischen und zur Schoko-Eier-Creme geben, nur kurz unterrühren.

Den Teig in die vorbereitete Form geben und glatt streichen. Die Erdnüsse, möglichst mit noch zarter knuspriger Haut, zerdrücken und die Hälften über den Teig streuen.

Im vorgeheizten Ofen ca. 20 Minuten backen. Aus dem Ofen nehmen und leicht abkühlen lassen. Das Papier etwas vom Rand lösen und den Kuchen damit herausnehmen.

4 EL Zucker in einer Pfanne schmelzen, karamellisieren und mit der Sahne ablöschen. Den Karamell loskochen, die Flüssigkeit etwas einkochen lassen und mit Salz würzen. Den Karamell leicht abkühlen lassen und auf dem Kuchen dekorativ verteilen.

30 min | – | 45 min/180 °C

Nüsse sind in der weihnachtlichen Bäckerei nicht wegzudenken – und hier gibt es Nüsse satt. Guildo Horn hat die Nussecken berühmt gemacht und bei jedem Bäcker kann man sie kaufen. Warum also nicht mal selbst probieren, denn die Zubereitung ist einfacher, als man denkt.

Nussecken

Zutaten

30 Stück

— Mürbeteig

150 g Butter
300 Mehl
100 g Zucker
1 TL Backpulver
Prise Salz
2 Eier

— Zum Bestreichen

5 EL Marmelade

— Belag

150 g Butter
150 g Zucker
1 EL Vanillezucker
4 EL Wasser
200 g Haselnüsse
200 g Walnüsse

— Überzug

100 g Kuvertüre, Zartbitter oder Vollmilch

Zubereitung

Alle Zutaten für den Teig vermischen, alles gut verkneten und mindestens 30 Minuten kühl stellen. Die Hälfte der Nüsse fein mahlen, die restlichen hacken. Das Wasser mit der Butter aufkochen. Ist die Butter geschmolzen, alle Zutaten in die Flüssigkeit geben, durchrühren und abkühlen lassen.

Den Teig auf einer bemehlten Arbeitsfläche zu einem Quadrat von ca. 30 × 30 cm ausrollen. Die Teigschicht darf nicht zu dünn sein. Auf ein mit Backpapier belegtes Blech setzen. Den Backofen auf 180° C Ober-/Unterhitze vorheizen.

Auf dem Teig die Marmelade dünn verstreichen. Darauf die Nussmasse auftragen, die Schicht sollte schön gleichmäßig sein. Im vorgeheizten Backofen ca. 45 Minuten backen. Sollte die Nussmasse zu dunkel werden, die Temperatur auf 160 °C reduzieren.

Den Kuchen etwas abkühlen lassen und noch warm in große oder kleinere Ecken schneiden. Immer die Hälfte der Ecke mit Schokolade überziehen.

hand made with love

30 min | – | ca. 45 min/175 °C

Jetzt kann das Knabbern bis zum Heiligen Abend losgehen. Jeden Tag einen kleinen Keks, und am 24.12. teilen sich alle den ganzen restlichen Kalender.

Essbarer Adventskalender

Zutaten

für ein Backblech

100 g	**Zucker**
200 g	**Butter**
300 g	**Mehl**
1	**Ei**
Prise	**Salz**
1 EL	**Vanillezucker**
1	**Abrieb einer Zitrone**
1 TL	**Lebkuchengewürz**
250 g	**Kuvertüre**
	Pistazien, gehackt
	Deko nach Wahl
	Zuckerschrift

Zubereitung

Die kalte Butter in kleine Würfel schneiden und mit den anderen Zutaten zu einem geschmeidigen Teig verkneten. Diesen etwa eine Stunde kalt stellen und dann 5–8 mm dick ausrollen. Einen großen Teil, etwas größer als A4 (ca. 21 × 30 cm), ausschneiden und auf ein mit Backpapier belegtes Backblech legen . Oben zwei Löcher zum Aufhängen ausstanzen. Aus dem restlichen Teig etwa 2,5 cm große Vierecke und Kreise ausstechen bzw. ausschneiden.

Diese mit auf das Backblech legen und im vorgeheizten Backofen bei Umluft 175 °C backen, bis der Teig goldbraun ist. Die kleinen Teile etwas vorher herausnehmen, damit sie nicht zu dunkel werden. Die gesamten Teilstücke auskühlen lassen.

Mit Kuvertüre nach Wahl verzieren, die kleinen Teigstücke mit den Zahlen versehen und mit Zuckerguss auf den Untergrund kleben. Über Nacht gut auskühlen lassen.

30 min | 15/15 min | 45 min/160 °C

Stollenkonfekt kann man mit einer kleinen Menge Teig backen, den man beim Stollenbacken abzweigt. So kann man den Appetit auf das reichhaltige Gebäck schon einmal stillen, bevor der Stollen nach zwei Wochen angeschnitten wird. Aber natürlich kann es auch das Erste sein, das zur Einstimmung in die Weihnachtszeit am 1. Advent auf dem Tisch steht.

Stollenkonfekt *mit Marzipan*

Zutaten

ca. 40 Teile

250 g	**Mehl, Typ 550**
50 g	**Zucker**
½	**Würfel frische Hefe (21 g)**
100 ml	**Milch**
Prise	**Salz**
80 g	**weiche Butter**
	Abrieb einer halben Bio-Zitrone
1 EL	**Vanillezucker**
100 g	**Rosinen**
2 cl	**Rum**
30 g	**Orangeat**
30 g	**Zitronat**
50 g	**gehackte Mandeln, geschält**
100 g	**Marzipan-Rohmasse**
50 g	**zerlassene Butter**
50 g	**Puderzucker**

Zubereitung

Mehl in eine große Schüssel geben und in die Mitte eine Mulde drücken. Die Hefe zerbröseln und in der lauwarmen Milch auflösen. Zusammen mit dem Zucker in die Mehlmulde geben und etwas mit Mehl abdecken. 15 Minuten stehen lassen.

Danach Salz, Zitronenabrieb und Vanillezucker dazugeben und alles zu einem glatten Teig verkneten. Die weiteren Zutaten mischen, zum Teig geben, kräftig unterkneten und wieder 15 Minuten gehen lassen. Den Teig teilen, in 2 dicke, etwa 1 cm hohe Teigplatten ausrollen und in 5 cm breite Streifen schneiden.

Das Marzipan zu Rollen formen, auf den Teigstreifen legen und den Teig längs überlappen, so dass eine typische Stollenform entsteht. In mundgerechte Stücke unterteilen und bei 160 °C Umluft 45 Minuten goldbraun backen. Das lauwarme Gebäck mit zerlassener Butter bestreichen und mit reichlich Staubzucker bestreuen.

Backen ist aus Teig geformte Liebe

Plätzchen ohne Nüsse

20 min | 30/120 min | 15 min/180 °C

Das Ungewöhnlichste an diesen Plätzchen ist die Art, wie der Teig ruhen darf. Er wird nicht nur einfach kalt gestellt, sondern in kaltes Wasser gelegt. Am Ende der Garzeit schwimmt er oben, so dass diese Plätzchen in einigen Regionen auch „Schwimmer" genannt werden. Für diese Sonderbehandlung revanchiert sich der Teig mit einem knusprigen Hohlraum in der Mitte des Sternchens.

Knuspersterne

Zutaten

je nach Größe 60–70 Stück

- **360 g** **Mehl**
- **250 g** **Butter**
- **20 g** **Hefe**
- **6 EL** **Milch**
- **2 TL** **Vanillezucker**
- **100 g** **Puderzucker**
- **½ TL** **Zimt**
- **½ TL** **Kardamom, gemahlen**

Zubereitung

Lauwarme Milch mit Hefe und Zucker verrühren und etwa 30 Minuten gehen lassen.

Alle Zutaten rasch zu einem Teig verarbeiten, eine flache Kugel formen. Einen ausreichend großen Topf mit kaltem Wasser füllen und den Teig einlegen, so dass er unter Wasser liegt. Den Topf mit einem Deckel verschließen und etwa 2 Stunden gehen lassen. Der Teig schwimmt am Ende der Garzeit oben, daher haben die Plätzchen ihren eigentlichen Namen „Schwimmer".

Den Teig auf einem bemehlten Backblech 3 mm dick ausrollen und Sternchen ausstechen. Den Ofen auf 180 °C Ober-/Unterhitze vorheizen und die Sterne rasch backen. In der Mitte des Sternchens sollte sich eine Blase bilden.

Die Sterne gleich nach dem Backen noch heiß in Puderzucker wälzen, der mit Zimt und Kardamom gemischt ist.

hand made with love
hand made with love

20 min | 30/60 min | 20–25 min/180 °C

Diese Plätzchen haben eine sehr besondere Zutat, nämlich Earl Grey. Der feine schwarze Tee gibt ihnen ein unvergleichliches Aroma und sie passen natürlich auch zu einer Tasse Kaffee.

Tee-Sternchen

Zutaten

ergibt ca. 60 Sternchen

250 g	**Butter**
3 EL	**Earl-Grey-Teeblätter**
120 g	**Zucker**
320 g	**Mehl**
60 g	**Speisstärke**
	Mehl zum Ausrollen
etwas	**brauner Zucker zum Bestreuen**
etwas	**Puderzucker zum Bestäuben**

Zubereitung

Butter in einem Topf schmelzen. Teeblätter zufügen und 3 Minuten kochen. Vom Herd nehmen und weitere 30 Minuten ziehen lassen. Die Tee-Butter durch ein Sieb gießen und fest werden lassen.

Butter und Zucker schaumig schlagen, Mehl und Speisestärke zugeben. Erst mit den Knethaken der Maschine und später mit den Händen gut verkneten. Den Teig in Folie wickeln und mindestens eine Stunde kalt stellen.

Backofen auf 180 °C Ober-/Unterhitze (160 °C Umluft, Gas Stufe 3) vorheizen.

Teig auf der bemehlten Arbeitsfläche oder zwischen zwei Lagen Folie auf 5 mm Dicke ausrollen. Erst mit den Händen auseinander drücken und dann mit dem Nudelholz auf eine Höhe bringen. Ich habe die Methode zwischen den Folien gewählt. Der Teig lässt sich nicht gut rollen, da er schnell auseinander geht.

Kleine Sterne ausstechen und auf einem mit Backpapier ausgelegten Backblech auf der mittleren Schiene 20–25 Minuten backen. Sterne etwas abkühlen lassen und mit braunem Zucker bestreuen. Vom noch warmen Backblech nehmen und völlig erkalten lassen. Vorsicht, im warmen Zustand bröckeln sie leicht. Das gibt sich aber, wenn sie kalt sind. Nach dem Abkühlen noch mit etwas Puderzucker bestäuben.

Gewürz
hand made with love
hand made with love
hand made with love

30 min 60 min 15–20 min/160 °C

Mit diesem Rezept wechseln wir von Tee zu Kaffee und zwar richtig. Espresso und Kaffeelikör, das klingt doch echt gut. Deshalb machen wir Espresso-Plätzchen, die natürlich nicht ohne ein klein bisschen Schokolade auskommen, und wenn sie nur am Ende geschmolzen darüberlaufen darf.

Espresso-Plätzchen

Zutaten

etwa 50 Stück

- **250 g Butter**
- **100 g brauner Zucker**
- **300 g Mehl**
- **35 g Speisestärke**
- **2 EL Espressopulver**
- **4 EL Kaffeelikör**
- **4 EL Milch**
- **100 g Kuvertüre**
- **1 Pkt Deko aus Schokolade (Herzen o. Ä.)**

Zubereitung

Die weiche Butter mit dem Zucker in der Küchenmaschine oder mit dem Handrührgerät schaumig schlagen. Mehl, Speisestärke, Kaffeelikör, Milch und das Kaffeepulver daruntermischen. Ist der Teig noch zu fest, noch ein wenig Milch dazugeben, bis er eine cremige Konsistenz hat.

Den Teig in einen Spritzbeutel füllen und mit der Sterntülle kleine Rosetten im Abstand von etwa 2 cm auf das mit Backpapier ausgelegte Blech spritzen.

Die zukünftigen Kekse jetzt etwa eine Stunde kalt stellen. Den Backofen auf 160 °C Ober-/Unterhitze (Umluft 140 °C), vorheizen. Auf der mittleren Schiene des Backofens etwa 15–20 Minuten backen.

Vorsichtig auf ein Kuchengitter setzen und dort auskühlen lassen.

Die Kuvertüre auf dem Wasserbad schmelzen, leicht abkühlen lassen, damit sie etwas dicklich wird und diese über die Plätzchen laufen lassen. Mit den Schokoherzen oder einer Dekoration nach Wahl verzieren.

30 min 1 Nacht –

WENN DIR ETWAS AUF DEN KEKS GEHT, DANN MACH DOCH SCHOKOLADE DRAUF!

Dieses Rezept für die Weihnachtsbäckerei schlägt alle Rekorde: Es wird das kürzeste Rezept sein, zumindest die Zutaten betreffend. In der nach oben offenen „Lecker-Skala" steht es allerdings sehr weit oben, sagen wir mindestens eine glatte Zehn. Und noch etwas ist ganz anders – du musst nicht mal backen. Also lass die Küche heute mal kalt und los geht's.

Knusperkugeln

Zutaten

ca. 30 Stück

- **150 g** **Gewürz-Spekulatius (alternativ Butterplätzchen)**
- **100 g** **Schokolade, Zartbitter oder Vollmilch**
- **200 g** **Kuvertüre, Zartbitter oder Vollmilch**
- **1** **unbehandelte Orange**

Zubereitung

Die Schokolade im Wasserbad schmelzen.

Den Spekulatius in einen Gefrierbeutel geben, mit dem Fleischklopfer grob zerkleinern und dann mit dem Nudelholz zermahlen. Am Ende sollte die richtige Mischung zwischen „ganz fein" und „schön knusprige Brösel" entstehen.

Die Orangenschale komplett abreiben und unter die Brösel mischen. Die geschmolzene Schokolade über die Brösel geben und rasch vermischen. Die Mischung etwas erkalten lassen, dann nach und nach kleine Kugeln von ca. 2 cm Durchmesser formen. Wird die Masse zu fest, kann man sie über dem Wasserbad erneut etwas temperieren. Dabei aufpassen, dass sie nicht zu heiß wird.

Die Kugeln auf ein mit Papier belegtes Backblech setzen und eine Nacht abtrocknen lassen. Die Kuvertüre schmelzen und die Kugeln damit überziehen. Soll das perfekt sein, stellt man die Kugeln auf ein Gitter zum Abtrocknen. Aber auch absetzen auf Backpapier ist möglich. Die kleinen Füße, die entstehen, sind ja pure Schokolade.

30 min · 1 h · 15–20 min/160 °C

Die Oma hat für ihre Version der Plätzchen die verschiedenfarbigen Teige aufgerollt und in Scheiben geschnitten. Hier wird das Schwarz-Weiß-Plätzchen von der Oma ein bisschen modernisiert und mit Schokolade gepimpt. Da kann doch keiner widerstehen.

Schwarz-Weiß-Gebäck

Zutaten

ca. 45 Stück

— Mürbeteig

- **200 g Butter**
- **400 g Mehl**
- **150 g Zucker**
- **1 Prise Salz**
- **2 EL Kakao**
- **1 Ei**

— Schokofüllung

- **20–80 g Schokolade, Vollmilch oder Zartbitter**

Zubereitung

Die kalte Butter in kleine Stücke schneiden, mit den restlichen Zutaten in eine Schüssel geben und zu einem glatten Teig verarbeiten. Die Menge halbieren. Eine Hälfte mit 2 EL Kakao verkneten, beide Hälften getrennt in Klarsichtfolie wickeln und mindestens eine Stunde kalt stellen.

1 Eigelb mit etwas Wasser verrühren und bereitstellen. Den hellen und den dunklen Teig mit wenig Mehl etwa 5 mm dick und je zu einem annähernd gleich großen Rechteck ausrollen. Diese Rechtecke in 3 gleich große Teile schneiden.

Klarsichtfolie auslegen und die hellen und dunklen Teigplatten abwechselnd übereinander legen. Dabei jede Platte mit dem Eigelb bestreichen. Es entsteht ein etwa 3 cm dickes gestreiftes Teigpaket. Das jetzt mit Hilfe einer Schablone in 3 cm breite Stangen schneiden, mit Klarsichtfolie abdecken und kalt stellen.

Die Teigpakete abwechselnd in 5 mm und 2–3 mm dicke Scheiben schneiden. Die dünneren auf ein mit Backpapier ausgelegtes Backblech legen und etwas in Form drücken. Backofen auf 180 °C Ober-/Unterhitze vorheizen

Die dicken Scheiben mit einem dünnen, scharfkantigen Ausstecher von etwa 1 cm Durchmesser in der Mitte vorsichtig ausstechen. Eine Scheibe mit Loch mit Eigelb bestreichen und auf eine dünne legen. Etwas andrücken. Die Plätzchen 12–15 Minuten backen. Vom Blech nehmen und auskühlen lassen. Die Schokolade im Wasserbad schmelzen. In die Vertiefung der Plätzchen bis oben Schokolade füllen und auskühlen lassen.

30 min 60 min 12 min/170 °C

Geschälte Maronen werden als Füllung für Geflügel genutzt und als exotische Beilage für Fleisch- und Wildgerichte. Aus gekochten und pürierten Esskastanien lässt sich auch eine delikate Suppe bereiten. Das Mehl aus Esskastanien kann man zum Brotbacken und auch für die Zubereitung von Gnocchi verwenden. Hier nehmen wir sie für eine köstliche Creme, die einfache Kekse aus Mürbeteig zu etwas ganz Besonderem macht.

Orangen-Maronen-Kekse

Zutaten

ca. 40 Stück.

— Teig

300 g kalte Butter

500 g glattes Mehl

200 g Staubzucker

Prise Salz

3 Eigelb

geriebene Schale einer Bio-Orange

— Maronicreme

250 g Maronen, vorgegart

75 ml süße Sahne

100 g Puderzucker

1 EL Rum

20 g Hartfett

etwas Kuvertüre, Zartbitter

Zubereitung

Butter klein schneiden, mit Mehl, Staubzucker und einer Prise Salz leicht vermischen. Eigelb und Orangenschale zufügen und rasch verkneten. Den Teig vierteln, etwas flach drücken und in Frischhaltefolie wickeln. Für mindestens 1 Stunde kühl stellen. Den Backofen auf 170 °C Ober-/Unterhitze vorheizen und zwei Backbleche mit Backpapier belegen.

Den Teig auf einer mit Mehl bestäubten Arbeitsfläche ca. 2 mm dick ausrollen. Kekse mit einer Form nach Wahl ausstechen. Sie sollten nicht größer als 4 cm sein, eher kleiner. Die ausgestochenen Kekse auf die Bleche legen und ca. 12 Minuten backen, herausnehmen und auskühlen lassen.

Die Maronen mit einer feinen Reibe reiben und in die Sahne geben, mit Rum und Zucker verrühren. In einem Topf kurz aufkochen lassen, dann mit einem Blitzhacker zu Brei verrühren. Das Hartfett in der Masse unter Rühren schmelzen lassen und die Füllung kalt stellen, bis sie fester wird. Die Kuvertüre schmelzen, die einzelnen Kekse mit einem Pinsel am Rand mit etwas Kuvertüre einstreichen und trocknen lassen. Je zwei Kekse mit Maronencreme zusammensetzen.

30 min – 55–60 min/130 °C

Dieses Rezept ist eine sehr köstliche Variante für die Verwertung von Eiweiß, nicht nur in der weihnachtlichen Bäckerei. Die kleinen Baisers schmecken durch die Zugabe von Lakritz einfach so zwischendurch zum Naschen, sind kleine Beigaben zu einer Tasse Kaffee, passen zu einem Dessert oder verschönern manche Torte.

Lakritz-Baisers

Zutaten

ca. 170 Baiser

150 g	**Eiweiß (etwa 4 Stück)**
230 g	**Zucker**
4 TL	**Lakritzpulver**
optional	**schwarze Lebensmittelfarbe**
etwas	**Lakritzpulver zum Bestreuen**

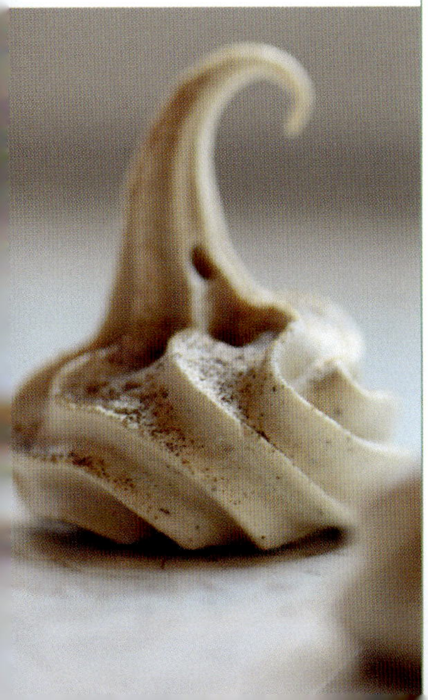

Zubereitung

Den Ofen auf 130 °C Umluft vorheizen. Eiweiß und Zucker in einer Schüssel mischen. Die Schüssel in ein Wasserbad stellen und die Mischung unter Rühren/Schlagen auf 55–60 °C erwärmen. Die Schüssel aus dem Wasserbad nehmen und weiter schlagen, bis der Schaum wieder abgekühlt ist.

Mit dem Lakritzpulver bestreuen und die Masse ein paar Mal vorsichtig umrühren. Wer zum Marmorieren mit Lebensmittelfarbe arbeiten möchte, rührt jetzt vorsichtig 1–2 TL schwarze Lebensmittelfarbe unter.

Mit zwei Kaffeelöffeln walnussgroße Baiserhaufen auf ein mit Backpapier ausgelegtes Backblech geben, oder die Masse in eine Spritztülle füllen und auf das Blech spritzen. Bei der o. g. Menge an Zutaten reicht das für 3 Bleche.

Die Baisers nochmals mit etwas Lakritzpulver bestäuben, dafür ein Sieb verwenden. Alle 3 Bleche im gleichen Abstand in den vorgeheizten Herd geben und 55–60 Minuten backen bzw. trocknen lassen. Während dieses Vorgangs die Ofentür 3–4 Mal öffnen und die Feuchtigkeit abziehen lassen.

Die Baisers trocken lagern.

20 min | 1 Nacht | –

Rollt man die Trüffel zu Kugeln, passen sie mit auf den Plätzchenteller. Sie eignen sich aber auch sehr gut dazu, das weihnachtliche Dessert aufzuwerten. In jedem Fall sollte man sie aber kühl aufbewahren, falls sie nicht sofort vernascht werden.

Gin-Trüffel

Zutaten

je nach Form ca. 30–50 Stück

250 ml	**Sahne**
300 g	**Schokolade, mind. 60% Kakao**
10 g	**Kokosfett, alternativ Hartfett**
1 EL	**Staubzucker**
4 EL	**Gin**
1 EL	**Rosa Pfefferbeeren**
etwas	**Kakaopulver**

Zubereitung

Sahne mit dem Gin mischen und im Wasserbad Kokosfett und Schokolade darin schmelzen. Zucker und Pfefferbeeren einrühren. Ein geeignetes Gefäß (ca. 20×30 cm) mit Klarsichtfolie auslegen und die Masse eingießen, so dass sie etwa 2 cm hoch steht. Gut abgedeckt im Kühlschrank, möglichst über Nacht, fest werden lassen. Die Masse bleibt formbar.

Je nach Verwendung entweder kleine Kugeln (etwa 2 cm Durchmesser) formen oder mit einem Ausstecher Formen ausstechen. In Kakaopulver wälzen.

Eine andere Variante für das Finish wären Schokostreusel, Kakao-Nips oder sehr klein gehackte Nüsse.

20 min | 1 Nacht | 15 min/180 °C

Schon beim Lesen des Namens hat man den unvergleichlichen Schmelz auf der Zunge, den diese traditionellen Plätzchen haben. Neben dem Klassiker findet man hier noch eine Variante mit Kakao – und man sollte unbedingt alle beide probieren.

Schmelznüsse

Zutaten

ca. 40 Stück

- **125 g Margarine**
- **75 g Zucker**
- **200 g Mehl**
- **80 g Speisestärke**
- **2 EL Vanillezucker**

Zubereitung

Die Zutaten zu einem geschmeidigen Teig verarbeiten. Die Margarine auf keinen Fall durch Butter ersetzen, dann würden die Schmelznüsse breit zerlaufen. Aus dem Teig kleine Kugeln von etwa 2 cm Durchmesser formen und diese über Nacht kalt stellen.

Die Kugeln mit ausreichend Abstand auf ein mit Papier belegtes Backblech setzen und mit der Gabel etwas breit drücken. Im gut vorgeheizten Ofen bei 180 °C Ober-/Unterhitze etwa 15 Minuten farblos backen. Noch warm mit Puderzucker bestäuben.

Auch das Backen einer schokoladigen Variante ist möglich. Hier ersetzt man 50 g des Mehls durch Kakao und verarbeitet ansonsten wie oben beschrieben. In diesem Fall passt als Finish auch statt Puderzucker eine Nuss.

20 min | 1 h | 15 min/180 °C

Das Besondere an diesen speziellen Plätzchen ist die Verwendung von gekochten Eiern bzw. Eidotter. Sie sind sehr mürbe, haben eine schöne gelbe Farbe und man kann sie gut auch ohne Glasur lassen oder nur mit etwas Puderzucker bestreut servieren.

Eidotterplätzchen

Zutaten

ca. 200 Stück

6	**Eidotter**
6 EL	**Zucker**
6 EL	**Rum**
200 g	**Butter**
300 g	**Mehl**
optional	**Kuvertüre, Vollmilch oder Zartbitter oder Puderzucker**

Zubereitung

Die Eier hart kochen, abkühlen lassen und die Dotter auslösen. Diese mit einer feineren Reibe reiben und mit dem Rum und dem Zucker verrühren. Die Butter und das Mehl unterarbeiten und alles zu einem geschmeidigen Teig kneten. Den Teig mindestens eine Stunde kalt ruhen lassen.

Auf der gut bemehlten Arbeitsfläche 3 mm dick ausrollen und, am besten mit einem Lineal, etwa 2,5 cm breite Streifen und daraus ca. 3 cm lange Rauten schneiden.

Im vorgeheizten Ofen bei 180 °C Ober-/Unterhitze etwa 15 Minuten backen. Mit Staubzucker bestreuen, nach Wunsch mit etwas Zuckerguss oder Kuvertüre bestreichen oder ganz Natur lassen.

40 min | 1 h | 10 min/180 °C

Das wird ein Fest, wenn sie in Reih und Glied dastehen: die Schneemänner, kleinen Tannenbäume und die Weihnachtsglocken. Beim Füllen kannst man sich völlig frei entfalten, von Eierlikör über Buttercreme bis zu einer säuerlichen Konfitüre. Die kleinen Figuren sind besonders beliebte Geschenke aus der Küche.

Gefüllte Weihnachtsfiguren

Zutaten

ca. 30 Stück

— Mürbeteigtaler

- **100 g Mehl**
- **50 g Butter**
- **50 g Zucker**
- **1 Eigelb**
- **1 TL Vanillezucker**
- **1 TL Backpulver**

— Masse

- **200 g Löffelbiskuit**
- **125 g Puderzucker**
- **100 g Butter**
- **1 Eiweiß**
- **2–3 TL Rum**
- **2–3 TL Sahne oder Kondensmilch**

— Garnierung

- **Kuvertüre, Zartbitter oder Vollmilch**
- **Dekoration nach Lust und Laune!**

Zubereitung

Für die Teigtaler alle Zutaten zu einem glatten Teig verkneten und diesen in Folie gewickelt mind. 1 Stunde kalt stellen. Den Teig ca. 3 mm dick ausrollen und Kreise von 3,5–4 cm Durchmesser ausstechen. Bei 180 °C Ober-/Unterhitze ca. 10 Minuten backen, sie sollten noch hell sein.

Die Löffelbiskuits fein zerbröseln, mit den restlichen Zutaten und der Hälfte der Sahne verkneten. Die Masse sollte gut formbar sein. Fertige Masse zwischenzeitlich kalt stellen. Eine Füllung nach Wahl bereitstellen.

Etwa 2–3 cm große Kugeln formen und in die Plastikmodel oder in einen kleinen Metallkegel aus der Patisserie mit 3–4 cm Durchmesser drücken. Dann an der Unterseite eine Vertiefung in die Masse drücken, in die man die Füllung gibt. Jeweils mit einem Mürbeteigtaler schließen. Die kleinen Teilchen vorsichtig aus den Formen klopfen.

Die Figuren oder Kegel kalt stellen und die Kuvertüre schmelzen. Die Formen mit der Kuvertüre übergießen oder bepinseln und anschließend weihnachtlich üppig dekorieren.

20 min | 1 Nacht | 15 min/180 °C

Die Kokosraspel werden durch das Einweichen in der Kokosmilch weich, bleiben soft und entziehen dem Gebäck keine Feuchtigkeit. Heraus kommt ein aromatischer, weicher Keks, der lange feucht bleibt. Die Masse kann während der Verarbeitung immer wieder geknetet und ausgerollt werden und eignet sich so sehr gut zum Ausstechen und für das Backen mit Kindern.

Schokolade-Kokos-Kekse

Zutaten

ca. 200 Kekse

150 g	**Butter**
1	**Ei**
1	**Eigelb**
200 g	**Zucker**
100 g	**Speisestärke**
200 g	**Mehl**
80 g	**Kakao**
150 g	**Kokosraspel**
1 Dose	**Kokosmilch (400 g)**

Zubereitung

Die Kokosraspel mit dem Blitzhacker noch etwas zerkleinern und in der Kokosmilch über Nacht einweichen. Am nächsten Tag alle Zutaten zu einem Teig verkneten. Wenn er zu feucht ist, d. h. noch an den Händen klebt, etwas Mehl zugeben. Der Teig sollte aber weich bleiben.

Teig auf einer bemehlten Arbeitsfläche auf ca. 3–4 mm Stärke ausrollen und beliebig ausstechen. Im vorgeheizten Ofen bei Umluft 180 °C für 15 Minuten backen. Auskühlen lassen und beliebig verzieren, hier mit Zartbitterkuvertüre und weißem Schokoladen-Muster.

Früher war alles besser, denn gestern waren noch Plätzchen da.

Plätzchen
mit Nüssen

20 min 1 h 15 min/180 °C

Die einfachen Plätzchen eignen sich ganz besonders gut zum Backen mit Kindern. Die sind ganz begierig, in der Küche nicht nur über die Schulter zu schauen, sondern mitzuhelfen, ganz besonders bei der Weihnachtsbäckerei. Neben dem Kneten des Teiges ist das Bestreichen und das Dekorieren die liebste Beschäftigung.

Butter- & Mürbeteigplätzchen

Zutaten

ca. 60 Stück

— Butterplätzchen Walnuss

- **250 g Butter**
- **100 g Zucker**
- **250 g Walnüsse, geröstet & gehackt**
- **1 Ei**
- **1 Vanillezucker**
- **250 g Mehl**

— Mürbebäckerei

- **400 g Mehl**
- **250 g Margarine**
- **120 g Zucker**
- **2 Eier**
- **1 Msp. Backpulver**

Zubereitung

Butterplätzchen Walnuss

Zutaten zu einem Teig verarbeiten, mindestens 1 Stunde kühl stellen. Dünn ausrollen, gewünschte Formen ausstechen und bei 180 °C Ober-/Unterhitze 15 Minuten hell backen. Abkühlen lassen, nach Lust und Laune mit Zuckerguss oder Kuvertüre bestreichen.

Mürbebäckerei

Dieser Teig eignet sich besonders gut zum Zusammensetzen mit einer Füllung. Den Teig aus den Zutaten zubereiten, mindestens eine Stunde kühl stellen. Dünn ausrollen und gewünschte Formen ausstechen. Die Plätzchen mit etwas verquirltem Ei bestreichen und bei 200 °C Ober-/Unterhitze goldgelb backen.

Als Füllung eignen sich säuerliche Marmeladen, Schokoaufstrich oder Nougat.

20 min | 30 min | 20 min/180 °C

Dieses Rezept trifft genau den Zeitgeschmack, denn es ergibt ein Plätzchen, das wirklich sehr gut schmeckt und in die Resteküche passt. Die Grundzutat sind nämlich altbackene Brötchen, bzw. die geriebenen Semmelbrösel. Man kann sie „natur", mit etwas Puderzucker bestreuen, oder einen Teil mit Schokolade überziehen.

PLÄTZCHEN SIND WIE GOTTES ENTSCHULDIGUNG FÜR BROKKOLI

Zitronenkekse

Zutaten

für 60 Kekse

200 g	**geriebene Semmeln**
100 g	**Zucker**
50 g	**Margarine**
50 g	**geriebene Mandeln oder Nüsse**
1–2 EL	**Mehl**
1 EL	**abgeriebene Zitronenschale**
	Salz
1 EL	**Zitronensaft**
2	**Eier**
	Milch
	Streuzucker oder braunen Zucker
hier:	**Kokosblütenzucker**

Zubereitung

Alle Zutaten, mit Ausnahme von Milch, Ei und Streuzucker, rasch zu einem geschmeidigen Teig verkneten. In Klarsichtfolie eingepackt etwa 30 Minuten rasten lassen.

Auf einem gut bemehlten Brett nicht zu dünn ausrollen. Die Milch mit dem Ei verquirlen und die ganze Fläche des Teiges damit bestreichen. Darauf den Zucker verteilen. Sehr gut passt hier auch Kokosblütenzucker.

Den Ofen auf 180 °C Ober-/Unterhitze vorheizen.

Den Teig in Rechtecke, Vierecke oder Rauten schneiden oder auch ausstechen. Auf einem mit Backpapier belegten Backblech goldgelb backen. Das dauert etwa 20 Minuten.

30 min · 30 min · 15 min/180 °C

Ein Mürbeteigkeks mit Nüssen ist ja an sich nichts Aufregendes, aber hier geht es um die besondere Zubereitung als kleines Röllchen. Schokolade darf da am Ende auf keinen Fall fehlen. Die Art der Nüsse kann man variieren, auch Haselnüsse oder Erdnüsse verwenden oder eine Mischung von allen.

Nussröllchen

Zutaten

etwa 40 Röllchen

— Teig

- **250 g** **Mehl**
- **1** **Ei**
- **125 g** **Margarine oder Butter**
- **65 g** **Zucker**
- **Prise** **Salz**
- **1 EL** **Vanillezucker**
- **etwas** **abgeriebene Zitronenschale**
- **2 EL** **Amaretto**
- **200 g** **Kuvertüre, Vollmilch**

— Füllung

- **100 g** **Walnüsse, grob gemahlen**
- **100 g** **Korinthen**
- **4 EL** **Rum**
- **4 EL** **Honig**

Zubereitung

Alle Zutaten rasch zu einem geschmeidigen Teig verkneten und ihn in Klarsichtfolie eingepackt mindestens 30 Minuten ruhen lassen. Den Teig so dünn wie möglich auf bemehltem Untergrund ausrollen und in Quadrate von etwa 6 × 6 cm schneiden bzw. ausstechen.

Die Korinthen klein schneiden und im Rum einweichen. Dazu Nüsse und den Honig geben und vermischen. Dabei entsteht eine knetbare Masse.

Die kleinen Teiglinge in der Mitte längs mit einer Spur Nussmasse belegen und von der langen Seite her aufrollen. Die Nahtstelle überlappen, andrücken und damit nach unten auf ein Backblech mit Backpapier legen. Die zweite Möglichkeit ist, die Teiglinge mit etwas Nussmasse zu bestreichen und dann aufzurollen.

Die Nussröllchen bei 180 °C Ober-/Unterhitze etwa 15 Minuten im vorgeheizten Ofen goldbraun backen. Nach den Erkalten mit der auf dem Wasserbad geschmolzenen Kuvertüre nach Belieben überziehen.

30 min | 30/60 min | 10 min/160 °C

Zu den begehrtesten Naschereien auf unserem Teller zählen die Hausfreunde. Ein Plätzchen nach Pralinenart, mit Marzipan und Aprikosenkonfitüre. Süß und sündig – vernaschen kann man die durchaus auch heimlich. Jetzt errät man auch gleich, woher sie ihren Namen haben. Vor dem ersten Naschen sollten zwei Tage vergehen, damit sie durchziehen können. Es gibt keine Garantie, dass man das schafft, aber man sollte es versuchen.

Hausfreunde

Zutaten

ca. 50 Stück

— Teig

175 g **Mehl**
75 g **Speisestärke**
175 g **Butter**
1 **Ei**
60 g **Zucker**
2 EL **Vanillezucker**

— Belag

150 g **Marzipan-Rohmasse**
100 g **Puderzucker**
Aprikosenmarmelade
300 g **Kuvertüre, Zartbitter**
halbierte Walnusskerne

Zubereitung

Mehl, Butter, Zucker, Ei, Speisestärke und Vanillezucker zu einem Mürbeteig kneten und diesen mindestens eine halbe Stunde im Kühlschrank ruhen lassen.

Den Teig auf einer leicht bemehlten Fläche etwa 3 mm dick ausrollen und mit einem glatten Ausstecher Kreise im Durchmesser von 3 cm ausstechen.

Diese Plätzchen bei 160 °C Umluft zehn Minuten backen. Die kleinen Plätzchen sollten durchgebacken, aber noch relativ hell sein und danach abkühlen.

Die Marzipanmasse mit dem Puderzucker verkneten und danach sehr dünn ausrollen. Mit dem gleichen Ausstecher wie bei den Plätzchen Kreise ausstechen, die Hälfte der Plätzchen damit belegen und vorsichtig andrücken. Die andere Hälfte der Plätzchen dünn mit der Aprikosenkonfitüre bestreichen und dann immer zwei verschiedene Hälften zusammensetzen. Vorsichtig andrücken und eine Stunde ruhen lassen.

In der Zeit die Kuvertüre schmelzen lassen und damit die Plätzchen rundherum bepinseln oder, mit Hilfe von zwei Gabeln, in die Kuvertüre tauchen. Dann gleich eine halbe Walnuss darauf setzen und die Plätzchen trocknen lassen.

30 min · 1 Nacht · 15–18 min/180 °C

Wenigstens zweimal muss ich sie in der Weihnachtszeit backen, die kleinen Mini-Nusshörnchen. Und nicht nur zu Weihnachten gehen sie weg wie warme Semmeln, sondern auch zwischendurch, wenn nix zum Naschen im Haus ist. So schnell, wie sie gemacht sind, ist das keine große Mühe. Und die Schoko-Nougat-Variante lässt erst recht niemand links liegen.

Mini-Nusshörnchen

Zutaten

ca. 70 Hörnchen

200 g Butter

200 g Frischkäse

300 g Mehl

brauner Zucker und gemahlene Mandel oder Nüsse zum Ausrollen im Verhältnis 1:1

Zubereitung

Aus Butter, Mehl und Frischkäse einen Teig herstellen. Daraus eine große Kugel formen und über Nacht kalt stellen. Am nächsten Tag die Kugel in ca. 1 cm dicke Scheiben schneiden. Das Zucker-Mandel-Gemisch auf der Arbeitsplatte auf einem Backpapier etwas ausbreiten. Die Scheiben vom Teig darauf jeweils portionsweise zu runden, dünnen Teigplatten ausrollen.

Mit einem Pizzaroller die Kreise in 16 schmale Stücke teilen. Das geht natürlich auch locker mit einem scharfen Messer. Die Teile straff zu Hörnchen aufrollen und die Spitzen jeweils gut andrücken. Im vorgeheizten Ofen bei 180 °C Ober-/Unterhitze oder 165 °C Heißluft 15–18 Minuten backen.

Für die Schokoladenvariante 50 g Mehl durch Kakao ersetzen und im Teig mit verarbeiten. Gleich so weiter verfahren wie oben beschrieben. Etwa 100 g Nuss-Nougat in kleine Stücke schneiden und jeweils eines zu einem kleinen Würstchen formen. Auf der breiten Seite der Dreiecke auflegen und auch straff zu Hörnchen aufrollen. Backzeit siehe oben.

40 min 1 Nacht 8–9 min/180 °C

Für die Schokoladen-Junkies folgt hier nun das Plätzchen mit Schokolade satt – die Schokoladen-Nougat-Kränzchen. Ein schokoladiger Mürbeteig, gefüllt mit Nougat, obenauf kommen gesalzene Macadamia, umhüllt von einer Zartbitterkuvertüre und verziert mit weißer Schokolade. Na, läuft das Wasser im Mund zusammen? Gut! Das war der Plan.

Schokoladen-Nougat-Kränzchen

Zutaten

etwa 40 fertige Kränzchen

— Teig

- **300 g** **Mehl**
- **100 g** **Puderzucker**
- **1 TL** **Muskat**
- **Prise** **Salz**
- **200 g** **Butter, kalt in kleinen Stückchen**
- **1** **Ei**
- **2 EL** **Kakao**
- **2 EL** **Milch**

— Füllung

- **75 g** **gesalzene Macadamiakerne**
- **200 g** **Haselnuss-Nougat, zimmerwarm**
- **1 EL** **Sahne**

— Glasur

- **200 g** **Zartbitterkuvertüre**
- **30 g** **weiße Kuvertüre**

Zubereitung

Den Teig aus den benannten Zutaten zubereiten und in Klarsichtfolie einpacken. In kleinen Portionen geteilt nacheinander auf der bemehlten Arbeitsfläche ca. 3 mm dick ausrollen. Kreise von etwa 5 cm Durchmesser ausstechen und auf ein Blech mit Backpapier setzen. Aus den Kreisen ein Loch von etwa 2,5 cm ausstechen, diesen Teig wieder verkneten und weiterverarbeiten, bis aller Teig aufgebraucht ist.

Den Ofen auf 180 °C Ober-/Unterhitze (Umluft 160 °C, Gas 2–3) vorheizen und die Ringe etwa 8–9 Minuten backen. Auf dem Backblech auskühlen lassen und vorsichtig lösen.

Die Macadamias nicht zu klein hacken. Den Nougat mit 1 EL Sahne etwas aufrühren, damit er cremig ist. Auf alle Ringe Nougat aufbringen und in die Hälfte davon vorsichtig die gehackten Nüsse drücken. Jeweils 2 Teile zusammensetzen, so dass das Teil mit den Nüssen immer obenauf ist.

Die Kuvertüre im Wasserbad schmelzen und die Ringe rundherum mit der Glasur bestreichen. Obenauf die Glasur darüberlaufen und gut abtropfen lassen. Die Kränzchen trocknen lassen und mit weißer Glasur verzieren.

30 min | 60 min | 10–12 min/180 °C

Ein Mürbeteig, natürlich mit gemahlenen Nüssen, und die Füllung kann frei gewählt werden: von Buttercreme bis Eierlikör oder Konfitüre. Diese gefüllten Nüsse sind das ganze Jahr über eine Bereicherung zum Kaffee. Wenn man die kleinen Förmchen nicht anschaffen möchte, kann man auch den Teig ausrollen, kleine Plätzchen ausstechen und jeweils zwei zusammensetzen.

Gefüllte Nüsse

'N PLÄTZCHEN
A DAY
KEEPS THE
WEIHNACHTSSTRESS
AWAY

Zutaten

für etwa 40 fertige Nüsse

- **420 g Weizenmehl Typ 450**
- **330 g Butter**
- **180 g Zucker**
- **180 g gemahlene Walnüsse**

Zubereitung

Alle Zutaten zu einem halbfesten Teig verarbeiten. Ausrollen und Plätzchen ausstechen oder in die kleinen Metallformen drücken. Für jede halbe Nussschale etwa eine Teigmenge von 2 cm Durchmesser verwenden.

In der Mitte eine Vertiefung eindrücken und darauf achten, dass der Rand gut abgeschlossen ist und nichts übersteht.

Den Ofen auf 180 °C Ober-/Unterhitze vorheizen. Die kleinen Schälchen auf ein Backblech setzen und etwa 12 Minuten backen, wenn der Ofen zum Ende heißer ist, reichen 10–11 Minuten. Da die Backzeit relativ kurz ist, geht es gut, mehrmals hintereinander zu backen. 20 von den Förmchen reichen also aus. Die Teiglinge sollten goldgelb sein.

Die fertig gebackenen Nüsse durch vorsichtiges Klopfen aus der Form holen und erkalten lassen. Nach und nach backen, bis der Teig aufgebraucht ist. Wenn sie ganz erkaltet sind, mit einer Creme füllen und immer zwei Hälften zusammensetzen. Man kann bei der Verwendung von Buttercreme immer nur so viele füllen, wie aktuell gegessen werden, und die anderen gut verschlossen aufbewahren.

30 min | – | 10–12 min/180 °C

Diese Plätzchen mit Schokolade, Gewürzen und der knackigen Haselnuss sollten in der Weihnachtszeit nicht fehlen. Hat man keine Nüsse aus dem eigenen Garten, sind die frisch gerösteten aus dem Piemont eine gute Wahl. Für die kleinen Naschereien einfach nur das Beste. Wenn man sich so viel Mühe gibt, sollte der Geschmack nicht an der krönenden Nuss scheitern.

Schokokugel mit Haselnuss

Zutaten

ca. 40 Stück

- **125 g** **Butter, weich**
- **50 g** **Puderzucker**
- **1 Prise** **Salz**
- **50 g** **gemahlene Haselnüsse**
- **100 g** **Speisestärke**
- **15 g** **Kakao**
- **40 g** **Mehl**
- **1 TL** **Zimt, gemahlen**
- **¼ TL** **Kardamom, gemahlen**
- **40** **ganze Haselnüsse, gern aus dem Piemont**
- **150 g** **Kuvertüre, Halbbitter oder Vollmilch**
- **1–2 EL** **Haselnusskrokant**

Zubereitung

Butter, Puderzucker und eine Prise Salz cremig aufschlagen. Gemahlene Haselnüsse, Speisestärke, Kakao, Mehl, Zimt und Kardamom dazugeben und unterkneten. Das funktioniert am besten mit der Küchenmaschine, geht aber auch von Hand.

Den Teig halbieren, zwei gleich große Rollen formen und diese in je 20 Scheibchen schneiden. Daraus jeweils eine Kugel rollen (etwa 2 cm Duchmesser). Die Teigkugeln mit etwas Abstand auf zwei Backblechen mit Backpapier verteilen und in jede Kugel eine Haselnuss drücken.

Im vorgeheizten Backofen bei 180 °C Ober-/Unterhitze (Gas Stufe 2–3, Umluft 160 °C) auf der mittleren Schiene backen. Die Kuvertüre hacken und auf dem Wasserbad schmelzen. Nach dem Auskühlen mit dem Kaffeelöffel etwas Kuvertüre auf jedes Plätzchen geben und zusätzlich mit dem Haselnusskrokant bestreuen.

20 min – 15 min/180 °C

Dein Albtraum im November: In vier Wochen ist Weihnachten und du träumst noch davon, wie und wann du endlich anfängst, Plätzchen zu backen. Wann sollen die denn, wenn sie fertig sind, noch ein bisschen ruhen und durchziehen und Gelegenheit zum Wegnaschen geben? Dann also besser ein Kreuzchen im Kalender, oder einfach anfangen, wenn der Weihnachtskaktus blüht.

Aprikosen-wölkchen

Zutaten

ca. 60 Stück

— Teig

125 g **weiche Butter**
100 g **Zucker**
2 **Eier**
1 EL **Vanillezucker**
200 g **Mehl**
½ Pck. **Backpulver**

— Frucht-Nuss-Mischung

150 g **getrocknete Aprikosen**
2 EL **Aprikosengeist (oder anderen passenden Obstler)**
100 g **Pistazien**
150 g **Pinienkerne**
40 g **Sesam**
Prise **Salz**
Puderzucker zum Bestäuben

Zubereitung

Aus den Zutaten für den Teig einen Rührteig herstellen.

Aprikosen in einem Topf mit wenig Wasser kochen, bis sie etwas weich geworden sind. Abgießen und nach dem Erkalten in kleine Würfel schneiden. Den Obstgeist dazugeben und marinieren. Den Sesam in einer Pfanne ohne Fett kurz anrösten. Die Pistazien fein und die Pinienkerne grob hacken.

Aprikosen, Pistazien, Pinienkerne und Sesam unter den Rührteig mischen.

Den Ofen auf 180 °C Ober/Unterhitze (160 °C Umluft) vorheizen.

Auf einem mit Papier ausgelegten Backblech mit dem Teelöffel abgemessene, kleine Häufchen setzen und genügend Abstand lassen. Die Wölkchen etwa 15 Minuten backen. Sie sollten goldgelb sein. Sofort mit einem Heber vom heißen Blech nehmen und auf dem Gitter auskühlen lassen. Mit Puderzucker bestäuben.

30 min | 30 min | 10–15 min/175 °C

Kipferl steht in Österreich für Hörnchen, so erklärt sich die Form. Das Vanillekipferl ist das Weihnachtsplätzchen schlechthin, einfach und köstlich, und schon die Oma hat es so gebacken. Vom bunten Plätzchenteller ist es nicht wegzudenken. Es zergeht auf der Zunge und meist muss es in der Weihnachtszeit zweimal gebacken werden, weil es so schnell alle ist.

Vanillekipferl *mit Haselnuss*

Zutaten

ca. 70 Stück

— Teig

200 g **Mehl**
180 g **Butter**
100 g **Haselnüsse, gemahlen**
70 g **Zucker**
1 **Vanilleschote**

— Zuckermischung

100 g **Puderzucker**
2 EL **Zucker, fein**
1 **Vanilleschote**

Zubereitung

Mehl, Zucker, das Mark einer Vanilleschote, Mandeln und Butter zu einem Teig kneten. Eine Rolle von etwa 4 cm Durchmesser formen und diese in Folie gewickelt etwa eine halbe Stunde kalt stellen.

Die Rolle in dicke Scheiben schneiden und diese zu Hörnchen (Kipferl) formen. Auf ein mit Backpapier ausgelegtes Backblech legen. Etwa 10–15 Minuten im vorgeheizten Ofen bei 175 °C Ober-/Unterhitze backen.

Die Kipferl kurz abkühlen lassen. In der Zeit den Puderzucker und den Zucker mit dem Mark der zweiten Vanilleschote mischen. Die Kipferl vorsichtig noch warm in dem Puderzucker wälzen, sie brechen leicht.

35 min | 60 min | 10 min/175 °C

Das ist so ein typisches „Männerplätzchen". Es ist nicht zu süß und neben der Schokolade kommt beim Reinbeißen noch der salzige, knusprige Kick. Es ist eines der Weihnachtsplätzchen, die ein bisschen mehr Aufwand erfordern, der sich aber auf alle Fälle lohnt.

Schokoladentaler *mit Salzkaramell*

Zutaten

etwa 35 Stück

200 g	**Mehl**
80 g	**Kakaopulver**
150 g	**Butter**
150 g	**Zucker**
1	**Ei**
125 ml	**Milch**
1 EL	**Vanillezucker**
100 g	**Walnusskerne**
4 EL	**Zucker**
100 ml	**Sahne**
2 EL	**Butter**
½ TL	**Salz**
200 g	**Kuvertüre, Zartbitter oder Vollmilch**
	ggf. Deko

Zubereitung

Das Mehl und den Kakao vermengen. Die Butter mit dem Zucker cremig schlagen. Das Ei, die Milch und den Vanillezucker unterrühren. Die Mehlmischung darauf geben und zu einem geschmeidigen Teig verkneten. Teig mindestens eine Stunde kühlen.

Auf einer bemehlten Arbeitsfläche etwa 1 cm dick ausrollen und Kreise im Durchmesser von etwa 3 cm ausstechen. Mit einem geeigneten Küchenutensil eine Vertiefung in die Fläche drücken. Aufpassen, dass das Plätzchen in Form bleibt und nicht reißt. Mit Abstand zueinander auf ein mit Backpapier belegtes Backblech legen. Im auf 175 °C Ober/Unterhitze vorgeheizten Ofen ca. 10 Minuten backen. Aus dem Ofen nehmen und auf einem Kuchengitter auskühlen lassen.

Die Butter in einer Pfanne schmelzen und den Zucker darin karamellisieren. Mit der Sahne ablöschen, aufkochen lassen, Salz zugeben und die grob gehackten Nüsse zufügen. Etwas einkochen und danach erkalten lassen. Die Karamell-Nuss-Masse mit einem kleinen Löffel in die Mulden der Plätzchen drücken. Die Kuvertüre im Wasserbad schmelzen, etwas kalt rühren, damit sie nicht mehr zu flüssig ist. Die Plätzchen mit dem Nusskaramell überziehen und eventuell noch dekorieren.

30 min 30 min 8–10 min/180 °C

Das ist ein Rezept, welches man vorsichtig zu lowcarb rechnen kann. Vorsichtig deshalb, weil es schon eine Menge Zucker enthällt, aber man verwendet nur 2 EL Mehl für die Zubereitung. Dies könnte man auch noch durch Speisestärke ersetzen und erhält damit eine glutenfreie Leckerei.

Mandelstangen

Zutaten

etwa 30 Stück

1	**Vanilleschote**
250 g	**Mandelkerne, gemahlen**
250 g	**Puderzucker**
2 EL	**Mehl**
Prise	**Salz**
1	**Eiweiß**
20 g	**Pistazien**
150 g	**Kuvertüre, Zartbitter oder Vollmilch**

Zubereitung

Das Mark aus der Vanilleschote herauskratzen und mit den gemahlenen Mandeln, Mehl, Puderzucker und der Prise Salz mischen. Das Eiweiß mit dem Schneebesen verquirlen und portionsweise zur Mischung geben. Es entsteht eine relativ trockene, aber gut formbare Masse. Ist sie noch zu trocken, in kleinen Mengen noch etwas Eiweiß oder ersatzweise etwas Milch zugeben.

Den Teig vierteln und zu Rollen mit etwa 2 cm Durchmesser formen. In Klarsichtfolie verpackt mindestens eine halbe Stunde ruhen lassen.

Von den Rollen etwa 1,5 cm breite Scheiben abschneiden und diese 1–2 Mal in der Hand kneten, dann zu einem kleinen Barren von etwa 3 × 2 cm Höhe formen. Die kleinen Barren auf das Blech mit Backpapier setzen.

Den Ofen auf 180 °C Ober-/Unterhitze vorheizen (Gas Stufe 2–3, Umluft 160 °C) und die Stangen 8–10 Minuten goldgelb backen, herausnehmen und auskühlen lassen.

Die Kuvertüre hacken, über dem Wasserbad schmelzen und die Enden der Mandelstangen eintauchen. Als Finish mit gemahlenen Pistazien bestreuen.

20 min | 30/30 min | 10 min/180 °C

Es gibt nicht viel, was besser ist als Nougat. Höchstens Nougat mit einem sehr aromatischen Zimt. Umhüllt von einem zarten Teig, so ein bisschen wie Biskuit? Wem das Appetit macht, der ist hier goldrichtig, denn genau das sind die Zutaten für die kleinen Nougatbrote.

Kleine Nougatbrote

Zutaten

ca. 40 Stück

— Teig

125 g Butter
100 g Zucker
1 Ei
2 Eigelb
250 g Mehl
1 TL Backpulver

— Füllung

150 g Nougat
1½ TL Zimt
100 g Kuvertüre
2 EL Haselnusskrokant

Zubereitung

Die weiche Butter mit dem Zucker schaumig schlagen. Ei und Eigelb unterrühren. Mehl und Backpulver mischen und ebenfalls unterrühren. Den Teig in Folie wickeln und 30 Minuten kalt stellen.

Für die Füllung den Zimt mit dem Nougat verkneten, damit er formbar wird. Zu einer Stange rollen und in etwa 40 Scheiben schneiden.

Vom Teig je 1 TL abstechen und auf der bemehlten Arbeitsfläche zu einem Taler formen und je einen Teil des Nougats in die Mitte einer Teigscheibe geben. Den Teig um die Füllung herum zusammendrücken. Erst zu einer Kugel, dann zu einem Oval formen. Die Teiglinge 30 Minuten kalt stellen.

Den Backofen auf 180 °C Ober-/Unterhitze, 160 °C Umluft oder Gas Stufe 3 vorheizen.

Die Plätzchen auf ein mit Backpapier versehenes Blech legen und ca. 10 Minuten hellgelb backen. Auf einem Kuchengitter auskühlen lassen.

Die Kuvertüre im Wasserbad schmelzen. Die Brötchen damit verzieren und mit dem Haselnusskrokant bestreuen.

Love!

30 min 1/1 h –

Die Konditorei Fürst in Salzburg hat die Originale einst hergestellt und die blau-silber verpackten köstlichen Kugeln gingen von da aus um die Welt. Da man im Hause Fürst zur damaligen Zeit versäumt hat, den Begriff „Mozartkugel" zu schützen, gibt es viele Nachahmer. Hauptsache Nougat, Pistazie und Marzipan verbergen sich in der Schokoladenhülle. Diese kleine Nascherei ist das beliebteste Geschenk aus unserer Küche.

Mozartkugeln

Zutaten

etwa 30 Kugeln

150 g **Pistazienkerne, ein kleiner Teil davon gehackt zur Dekoration**

1 EL **Zucker**

2–3 EL **süße Sahne**

250 g **Kuvertüre**

300 g **Marzipan**

125 g **Nougat**

Zubereitung

Die Pistazien im Blitzhacker unter Zugabe von Zucker und Sahne zu einem dicken Brei verarbeiten.

Den Nougat mit dem Messer in etwa 1×2 cm große Scheiben schneiden. Dazu etwa die gleiche Menge von der Pistazienmasse nehmen und daraus eine kleine Kugel formen. Diese für etwa eine Stunde kalt stellen.

Das Marzipan auf Raumtemperatur bringen. Mit einem Teelöffel eine Menge abstechen, daraus eine Kugel rollen und diese zwischen Folie platt drücken. Das Marzipan um die inzwischen kalt gewordenen Nougat-Kugel legen, fest drücken und wieder eine feste Kugel formen. Diese wieder kalt stellen.

Die Kuvertüre über dem Wasserbad schmelzen und die Kugeln damit überziehen. Diese auf einem Pralinengitter ablegen und trocknen lassen. Man kann sie auch auf Backpapier ablegen, da bekommen die kleinen Kugeln allerdings „Füßchen". Solange die Kuvertüre noch feucht ist, mit den bereitgelegten gehackten Pistazien bestreuen.

40 min | 1 Nacht | 15/20–30 min/120/80 °C

Hier kommt noch ein weiteres Rezept für die Verarbeitung des oft beim Backen übrigen Eiweißes. Für die Originalform benötigt man eine spezielle Backmatte zum Formen der Plätzchen. Möchte man die sich nicht anschaffen, kann man den fertigen Eiweißteig auch mit einer Lochtülle in gleichmäßiger Größe aufs Blech spritzen, backen und dann zwei mit der Füllung aneinanderkleben, ähnlich wie bei Macarons.

Laskonky

Zutaten

ca. 20 fertige Plätzchen

— Teig

- 3 **Eiweiß von Eiern Gr. M**
- 165 g **Kristallzucker**
- 85 g **gemahlene Nüsse, blanchierte Mandeln oder Kokosraspel**
- 50 g **Puderzucker**

— Pariser Creme

- 100 g **Schokolade, Vollmilch oder Zartbitter**
- 150 ml **Milch**

Zubereitung

Eiweiß in einer großen Schüssel über dem Wasserbad unter langsamer Zugabe des Zuckers steif schlagen. Das dauert etwa 10–15 Minuten. Die Masse erkalten lassen, die Nüsse mit dem Puderzucker vermengen und vorsichtig unter die Eiweißmasse heben.

Die Silikonmatte auf mit Backpapier belegtes Backblech legen, immer einen vollen Esslöffel in die Aussparungen füllen und die Masse mit einem Teigschaber glatt aufstreichen. Die Matte anheben und eine zweite Menge auf das Blech setzen.

Im vorgeheizten Ofen bei 120 °C Ober-/Unterhitze 15 Minuten backen, dann die Hitze auf 80 °C reduzieren und die Teile noch etwa 20–30 Minuten trocknen lassen.

Für die Füllung eine Pariser Creme herstellen. In der Sahne unter ständigem Rühren die Schokolade auflösen. Die Masse erkalten lassen, am besten über Nacht. Dann mit dem Mixer luftig aufschlagen und zwei Teile damit zusammensetzen.

Die fertigen Laskonky mit Schokolade oder Karamell verzieren.

20 min | 2 h | 15/15 min/130/100 °C

Esskastanien haben einen leicht nussigen, aber sehr dezenten Geschmack. Erst beim Rösten oder Kochen bildet sich aus der reichlich enthaltenen Stärke Zucker, der den Esskastanien ihr typisches angenehm süßes Aroma gibt. Maronen, die Weiterzüchtung der Esskastanien, haben generell ein kräftigeres Aroma. Dieses Rezept eignet sich für beide Sorten und es ist einfacher, bereits gegarte Früchte zu kaufen.

Maronentaler

Zutaten

ca. 100 Stück

3	**Eiweiß**
250 g	**Puderzucker**
1 EL	**Vanillezucker**
1 TL	**Zimt**
½ TL	**Kardamom**
400 g	**gemahlene Mandeln**
100 g	**gekochte Maronen oder Esskastanien**
2 EL	**Milch**
60 g	**Mehl**
1 TL	**abgeriebene Schale einer Orange**
2 TL	**Kakao**

Zubereitung

Das Eiweiß mit der Maschine zu einem festen Eischnee aufschlagen und dabei den Puderzucker einrieseln lassen. Davon 4 EL entnehmen und beiseitestellen. Vanillezucker, Zimt, Kardamom und so viel von den Mandeln unterrühren, bis der Teig nicht mehr klebt.

Die Maronen mit 2 EL Milch mit dem Zauberstab zu einem Brei aufrühren. Diesen mit dem Mehl, dem Abrieb der Orange und dem Kakao zur Mandelmasse geben und unterkneten. Aus dem Teig 4 Rollen von etwa 3 cm Durchmesser formen. Diese in Klarsichtfolie wickeln und 2 Stunden kalt stellen.

Den Backofen auf 130 °C Ober-/Unterhitze (Umluft 100 °C, Gas Stufe 1) vorheizen. Die Rollen in knapp 1 cm dicke Scheiben schneiden, diese zu runden Talern formen und auf ein mit Backpapier ausgelegtes Backblech setzen.

Vom übrigen geschlagenen Eiweiß 2 TL abnehmen und mit etwas Kakao färben. Die helle Baisermasse auf die Taler streichen und mit der Schoko-Baisermasse verzieren.

Die Maronentaler auf der mittleren Schiene 15 Minuten backen. Die Temperatur auf 100 °C reduzieren (Umluft 80 °C, Gas Stufe 1) und noch 15 Minuten weiter backen – die Baiserhaube sollte weiß bleiben.

15 min | – | 25 min/150 °C

Amarettini sind so fein und leicht, dass man glatt denken könnte, man hat ja gar nicht genascht. Sie sind deshalb in der Weihnachtsbäckerei willkommen, weil man hier übrig gebliebenes Eiweiß verarbeiten kann. Meist landen sie neben der Kaffee- oder Espressotasse und versüßen ein klein bisschen den Kaffee nach dem Essen.

Amarettini

Zutaten

etwa 50 Stück

300 g	**Mandeln, gemahlen**
1–2 EL	**Amaretto**
2	**Eiweiß, ganz frisch**
480 g	**Puderzucker**
20 g	**Puderzucker**

Zubereitung

Die Mandeln, den Amaretto, das Eiweiß und den Puderzuckers zu einem Teig verkneten.

Den Backofen auf 150 °C Ober-/Unterhitze vorheizen (Umluft 130 °C, Gas Stufe 1). Mit dem Spritzbeutel mit Lochtülle kirschgroße Kugeln auf das vorzugsweise mit einer Backmatte belegte Backblech spritzen. Davon gehen die gebackenen Amarattini besser ab, aber es funktioniert natürlich auch mit Backpapier. Ist der Teig etwas fester, dann mit einem kleinen Löffel Häufchen auf das Blech setzen.

Die Plätzchen etwa 25 Minuten backen. Noch warm mit dem restlichen Puderzucker bestreuen und auf dem Gitter auskühlen lassen.

30 min | 30 min | 12–15 min/180 °C

Zum Plätzchenbacken sollte man sich unbedingt Zeit lassen. So nach dem Motto: Mit Liebe hangemacht. Nicht viele Plätzchen backen, sondern ein paar ganz besondere. Solche kostbaren kleinen Teilchen auch zu verschenken, ist besonders schön, und die Beschenkten schätzen sich glücklich, wie viel Zeit man ihnen damit gewidmet hat.

Mohnsterne

Zutaten

ca 50 Stück

— Mürbeteig

200 g **kalte Butter**
400 g **Mehl**
150 g **Zucker**
1 Prise **Salz**
1 **Ei**

— Mohnmasse

100 g **Mohn (ungemahlen)**
70 g **Löffelbiskuit**
150 ml **Milch**
50 g **Marzipan-Rohmasse**
1 **Eigelb**
etwas **Schlagsahne oder Milch**
50 **Pistazien, ganz**
50 g **Kuvertüre, Vollmilch**

Zubereitung

Den Teig zügig zubereiten, indem alle Zutaten verknetet werden. Dann in eine Klarsichtfolie geben und für mindestens eine halbe Stunde in den Kühlschrank stellen.

Die Löffelbiskuits in einem Folienbeutel mit dem Rollholz zerkleinern. Die Brösel mit dem Mohn und der Milch vermischen und ein bisschen quellen lassen. Das Marzipan klein zupfen. Das Eigelb verquirlen und die Hälfte zum Marzipan geben. Dazu kommt die Hälfte der Mohnmasse, und mit dem Handrührgerät wird das zu einer glatten Creme verrührt. Danach die restliche Mohnmasse noch unterrühren.

Den Backofen auf 180 °C Ober-/Unterhitze (160 °C Umluft, Gas Stufe 3) vorheizen.

Den Mürbeteig mit etwas Mehl auf etwa 3-4 cm Dicke ausrollen. Sterne ausstechen und auf das Backblech mit Backpapier setzen. Das restliche Eigelb mit der Sahne verquirlen und die Sterne damit bestreichen.

Mit dem Teelöffel kleine Kleckse der Mohnmasse in die Mitte der Sterne setzen und darauf eine Pistazie legen.

Im Backofen etwa 12–15 Minuten backen, die Sternchen werden goldgelb. Die Kuvertüre schmelzen und in kleinen Strichen über die Sternchen ziehen.

20 min 10/10 min 25/10 min/175/150 °C

Warum zum Advent nicht auch mal über den Tellerrand schauen. Unsere Freunde in Italien essen sehr gern ein knuspriges feines Gebäck zum Kaffee, zum Tee oder auch mal zum Wein. Mit dem süßen „Vin santo" ist es ein beliebtes Dessert. Die Original Cantuccini werden mit Mandeln zubereitet, wir backen eine Variante mit Haselnüssen und weißer Schokolade.

Cantuccini

Zutaten

ca. 80 Stück.

- **100 g Butter**
- **170 g Zucker**
- **3 Eier**
- **360 g Mehl**
- **1 TL Vanillezucker**
- **1 TL Backpulver**
- **Prise Salz**
- **125 g weiße Schokolade**
- **150 g Haselnüsse**
- **3 EL brauner Zucker**
- **etwas Eiweiß zum Bestreichen**

Zubereitung

Die zimmerwarme Butter, Zucker, Eier, Mehl, Vanillezucker, Backpulver und Salz in einer Schüssel vermischen. Die Schokolade und die Haselnüsse grob hacken und in den Teig einarbeiten.

Den Ofen auf 175 °C Umluft vorheizen.

Den Teig in drei Stücke aufteilen und auf 2 cm Dicke ausrollen. Streifen von etwa 3 cm Breite schneiden und auf ein mit Backpapier versehenes Backblech legen. Mit Eiweiß bestreichen und mit wenig braunem Zucker bestreuen. Auf der mittleren Schiene 25 Minuten backen. Das Blech herausnehmen und die Stangen etwa 10 Minuten abkühlen lassen.

Die Ofentemperatur auf 150 °C senken. Die Stangen schräg in 1–1,5 cm starke Stücke schneiden. Die Cantuccini auf ein Blech oder Gitter legen, die Schnittfläche nach oben. 10 Minuten im Ofen trocknen lassen. Den Herd ausschalten und sie nochmals 10 Minuten im Ofen stehen lassen. Dann herausnehmen, abkühlen lassen und in einer luftdichten Dose aufbewahren.

25 min 1 Nacht 12 min/140 °C

Bei diesen Keksen lohnt sich etwas Mehraufwand, denn sie können auch kleine Geschenke aus der Küche in der Weihnachtszeit sein. Für den feinen Geschmack ist es wichtig, wirklich einen ganz fein gemahlenen Kaffee (Mokka) zu verwenden, auf keinen Fall ein Instant-Kaffeepulver.

Schoko-Mokka-Kekse

Zutaten

ca. 30 Stück (bei Ø von 5 cm)

— Teig

- **100 g** **Schokolade, Zartbitter**
- **2** **Eiweiß**
- **etwas** **Abrieb einer Zitrone**
- **150 g** **Puderzucker**
- **250 g** **Haselnüsse, fein gemahlen**
- **40 g** **Mehl**
- **etwas** **Abrieb einer Orange**
- **1 EL** **Mokka (sehr fein gemahlener Kaffee)**
- **Prise** **Zimt**
- **Prise** **Salz**

— Füllung

- **100 g** **Kuvertüre, Zartbitter**
- **50 g** **Nougat**
- **75 ml** **Sahne**
- **4 EL** **Kaffeelikör**
- **25 g** **Butter**
- **etwas** **Puderzucker**

Zubereitung

Die Schokolade grob hacken und im Wasserbad schmelzen. Das Eiweiß mit Salz und etwas Abrieb einer Zitronenschale fast steif schlagen, dabei den Puderzucker einrieseln lassen. Die Haselnüsse, das Mehl, den Zimt und den Abrieb der Orangenschale unterheben, dann die flüssige Schokolade unterziehen. Den Teig in eine Klarsichtfolie wickeln und am besten über Nacht im Kühlschrank aufbewahren.

Für die Füllung die Kuvertüre und Nougat grob hacken. Likör und Sahne erwärmen und die Schokoladen-Nougat-Mischung darin auflösen. Zum Schluss die Butter einrühren. Ebenfalls kalt stellen.

Den Teig portionieren und auf leicht bemehlter Arbeitsfläche 2 mm dünn ausrollen und rund ausstechen. Bei der Hälfte der Plätzchen in die Mitte noch einen Kreis, ein Herz oder Ähnliches ausstechen.

Den Backofen auf 140 °C Umluft vorheizen, die Plätzchen auf ein mit Backpapier belegtes Blech legen und ca. 12 Minuten backen. Die Kekse sollten gut durchgebacken sein und auf einem Gitter auskühlen.

Die Oberteile mit dem Loch mit Puderzucker bestäuben. Die cremige Füllung auf die andere Hälfte der Plätzchen aufstreichen, jeweils einen Keks mit Loch aufsetzen und etwas andrücken.

30 min 1 h 18–20 min/180 °C

Diese Kipferl sind den Vanillekipfeln ähnlich, die auf keinem Plätzchenteller zu Weihnachten fehlen dürfen. Der Vanillezucker ist hierbei im Teig enthalten und nicht drumherum, und sie werden an einem der Enden mit Kuvertüre bestrichen.

Wiener Kipferl

Zutaten

ca. 60 Stück

- **100 g** **geschälte, gemahlene Mandeln**
- **180 g** **Butter**
- **Prise** **Salz**
- **1** **Eigelb**
- **60 g** **Puderzucker**
- **2 EL** **Vanillezucker**
- **180 g** **Mehl**
- **250 g** **Kuvertüre, Zartbitter oder Vollmilch**

Zubereitung

Von den Mandeln 1 EL beiseitelegen und die anderen in der Pfanne rösten.

Die Butter in kleine Stücke schneiden, eine Prise Salz, Eigelb, Puderzucker und Vanillezucker mit dem Knethaken des Rührgerätes verrühren. Mehl und Mandeln dazugeben und schnell mit den Händen zu einem glatten Teig kneten. In Klarsichtfolie wickeln und mindestens 1 Stunde kalt stellen.

Den Teig kurz durchkneten, auf einer bemehlten Arbeitsfläche zu 2–3 dicken Rollen formen und diese in 1 cm breite Scheiben schneiden. Jede Scheibe zu einer Rolle mit spitzerem Ende formen und zu einem Halbmond biegen.

Auf einem mit Backpapier ausgelegten Backblech im gut vorgeheizten Ofen bei 180 °C Ober-/Unterhitze auf mittlerer Schiene 18–20 Minuten backen.

Die Kipferl auf einem Gitter vollständig auskühlen und fest werden lassen. Die Kuvertüre auf dem Wasserbad schmelzen. Die Kipferl an einem Ende mit Kuvertüre bestreichen und etwas von den restlichen Mandeln aufstreuen. Auf einem mit Papier ausgelegten Backblech fest werden lassen.

30 min | 15 min/5 h | 15 min/165 °C

Die Linzer Schnecken punkten durch den Kontrast des süßen Teiges mit dem säuerlichen Fruchtaufstrich. Sie sind immer eine schöne Ergänzung zu Plätzchen mit viel Schokolade. Außer Aprikosen passen auch sehr gut Schwarze oder Rote Johannisbeeren. Wer nicht auf einen kleinen Schokoladenanteil verzichten möchte, taucht die „Füße" der Plätzchen in eine Zartbitter- oder Vollmilchkuvertüre.

Linzer Schnecken

Zutaten

ca. 50 Stück

- **250 g Butter**
- **100 g Zucker**
- **Prise Salz**
- **2 Eigelb (Gr. M)**
- **120 g Walnüsse, gemahlen, alternativ Mandeln**
- **300 g Mehl**
- **Mehl zum Bearbeiten**

— Verzierung

- **100 g Aprikosenkonfitüre**

Zubereitung

Die Butter in kleine Stücke schneiden, mit Zucker, einer Prise Salz und dem Eigelb zuerst mit dem Knethaken verrühren, anschließend Mehl und Walnüsse dazugeben und mit der Hand zu einem gut formbaren Teig kneten. Den Teig zu einem flachen Ziegel von etwa 3 × 3 cm formen. Den Teig vor der Weiterverarbeitung etwa 15 Minuten ruhen und kühlen lassen.

Auf einer bemehlten Arbeitsfläche in etwa 45–50 Stücke schneiden. Aus jedem Stück eine dünne Rolle formen (ca. 12 cm Länge), diese zur Schnecke aufrollen und auf ein mit Backpapier belegtes Blech setzen. Im vorgeheizten Backofen bei 165 °C Umluft (ca. 170 °C Ober-/Unterhitze) auf mittlerer Schiene 15 Minuten goldgelb backen.

Für die Verzierung die Konfitüren durch ein Sieb streichen. In einen Spritzbeutel mit kleinem Loch (2–3 mm) füllen und sofort, wenn die Kekse aus dem Ofen kommen, die Spirale mit der Fruchtmasse „nachzeichnen".

Konfitüre mindestens 5 Stunden trocknen lassen.

25 min | 1 h | 15 min/160°C

Sonne, Mond und Sterne gehören immer auf den Plätzchenteller. Meist sind es die Kinder, die einfache Formen ausstechen und mit Zuckerguss bestreichen. Hier kommt die Variante für den erwachsenen Esser, mit aromatischem Orangenlikör im Zuckerguss, der die Pistazien hält.

Pistazienmonde

Zutaten

ca. 80 Stück

— Teig

250 g **Mehl**
1 **Ei**
125 g **Butter**
65 g **Zucker**
Prise **Salz**
1 **Vanilleschote**
1 **Orange**

— Belag

100 g **Puderzucker**
2 cl **Orangenlikör**
15 g **Hartfett**
150 g **Pistazienkerne**

Zubereitung

Die Vanilleschote auskratzen, mit Ei und Zucker verrühren. Die Orange abreiben und dazugeben. Alles mit den restlichen Zutaten zu einem geschmeidigen Teig kneten. Diesen für mindestens eine Stunde kühl lagern.

Den Teig 2–3 mm stark ausrollen und die Monde ausstechen. Übrig gebliebenen Teig wieder kneten und erneut ausrollen. So arbeiten, bis der Teig alle ist. Die Teile auf ein mit Backpapier belegtes Backblech setzen und im gut vorgeheizten Ofen bei 160 °C Umluft 15 Minuten hell backen und auskühlen lassen.

Den Orangenlikör nach und nach zum Puderzucker geben und verrühren. Das Hartfett schmelzen, etwas abkühlen lassen und nur so viel zum Guss geben, bis er schön cremig ist, nicht zu flüssig. Die Pistazien grob hacken und auf einem flachen Teller ablegen.

Den Guss mir einem Messer oder Spatel auf die Monde relativ dick aufstreichen und die Monde gleich in die gehackten Pistazien drücken. Plätzchen etwas antrocknen lassen.

20 min 1 h 15 min/170 °C

In der Bäckerei fristet die Erdnuss bei uns neben Mandeln, Haselnuss und Walnuss ein Schattendasein. Zu Unrecht! Sie bringt gerade bei süßem Gebäck einen spannenden, herben Kontrast. Vor allem, wenn man sich wie hier für die gesalzene Variante entscheidet.

Erdnuss-Taler

Zutaten

ca. 60 Stück

250 g **Mehl**
150 g **kalte Butter, gewürfelt**
125 g **Zucker**
100 g **Erdnüsse, geröstet und gesalzen**
1 **Ei**
3 EL **Kakao**
Puderzucker und Zucker zum Wälzen

Zubereitung

Die gewürfelte Butter in eine Schüssel geben, dazu das Ei und den Zucker. Die Erdnüsse grob hacken, den Kakao darübersieben und das Mehl dazugeben. Alles gut zu einem Teig kneten. Mehrere Rollen formen, mit einem Durchmesser von ca. 3 cm. Diese in Klarsichtfolie wickeln und im Kühlschrank fest werden lassen.

Mit einem scharfen Messer in ca. 5 mm starke Scheiben schneiden und auf ein Backblech mit Backpapier legen. Im vorgeheizten Ofen bei 170 °C Ober-/Unterhitze etwa 15 Minuten backen. Die Kekse sollten durchgebacken sein, aber nicht zu trocken werden.

Die Erdnuss-Taler etwas abkühlen und fest werden lassen. Puderzucker und feinen Kristallzucker im Verhältnis 1:1 mischen und die Taler darin rundherum wälzen. Überschüssigen Zucker vorsichtig abstreifen.

Index

Rezeptverzeichnis *in alphabetischer Reihenfolge*

Wild Kitchen Project

STEPHAN BERGHAUS,
JANA ROGGE (HRSG.)

Rezepte und Erfahrungen für Liebhaber von Wild, BBQ und Outdoorküche

Dieses Kochbuch richtet sich an die Liebhaber von Wildfleisch und Outdoorküche. Wer Wild bisher nur als Braten oder Gulasch kennt und gleich den typischen Geschmack von Lorbeer, Wacholder und Rotweinsauce auf der Zunge hat, kann hier noch einiges entdecken.

Die Autoren nutzen Grill, Dutch Oven und Mangalspieß, um die vielfältigen Geschmacksnuancen der Küche auszureizen. Selbst ungewöhnliche Wildsorten kommen auf den Teller. In diesem Buch findet man über 60 Rezepte, vom Hasen-Sauerbraten über Pulled Deer und Wildschwein-Flammkuchen bis hin zu Hirschrouladen, Bratwurst oder Hackbraten. Neben exotischen Rezepten wie Krähenstrudel und Waschbäreintopf finden sich auch Klassiker wie Rippchen

ISBN 978-3-945294-13-0
Format 17 × 24 cm
178 Seiten
Hardcover, Fadenheftung
Preis 19,95 € (D)

Wild Kitchen Project 2.0

STEPHAN BERGHAUS,
JANA ROGGE (HRSG.)

Rezepte und Erfahrungen für Liebhaber von Wild, BBQ und Outdoorküche

Nachdem das erste Buch des Wild Kitchen Projects von vielen Seiten – Jägern, BBQ-Fans und Outdoorfreunden – einen unerwartet großen Zuspruch erfahren hat, sahen sich die Projekt-Teams angespornt, ihren Weg weiter zu verfolgen. Wieder dreht sich alles um die Outdoorküche in ihren vielen Facetten.

Unter dem Motto „from nose to tail" werden alte Rezepte neu interpretiert und Grillklassiker auf andere Tierarten übertragen. Wie wäre es also mit einem T-Bone-Steak vom Hirsch, Fleischkäse aus Wildbret oder der guten alten Ochsenschwanzsuppe aus dem Dutch Oven?

ISBN 978-3-945294-21-5
Format 17 × 24 cm
178 Seiten
Hardcover, Fadenheftung
Preis 19,95 € (D)

Das Beste sind die Reste

PETRA HERMANN

Von Scheiterhaufen bis Lumpensalat

Nicht recyceln, sondern upcyceln – das trifft auf alle Ressourcen unseres Lebens zu, auch auf das Essen. Reste nochmals aufzuwärmen ist kein Problem. Was ist aber, wenn einzelne Zutaten übrig bleiben, wie Wurst, Käse, Kartoffeln oder Brot? Da heißt es, kreativ zu sein und mit anderen Beigaben sowie möglichst wenig Aufwand ein neues, schmackhaftes Essen zu kreieren.

Viele Ideen dafür, was man aus Resten alles Neues auf den Tisch bringen kann, hat Petra Hermann gesammelt. Vom „Scheiterhaufen" über den „Grenadiermarsch" bis zum „Lumpensalat" enthält dieses Buch viele köstliche und kreative Rezepte, bei denen man sich direkt über Reste einer Mahlzeit freut, um am nächsten Tag etwas aus diesem Buch nachkochen zu können.

ISBN 978-3-945294-40-6
Format 17 × 24 cm
144 Seiten
Softcover, Fadenheftung
Preis 12,80 € (D)

Bibliografische Information der Deutschen Nationalbibliothek:
Die Deutsche Nationalbibliothek verzeichnet diese Publikation in der Deutschen Nationalbibliografie; detaillierte bibliografische Daten sind im Internet über http://dnb.d-nb.de abrufbar.

Erste Auflage

1. Auflage 2020

Rogge GmbH, Buttelstedter Straße 25, 99427 Weimar
Geschäftsführung: Jana Rogge
Verlagsleitung: Katja Völkel
www.eckhaus-verlag.de

Fotos: Petra Hermann, elements.envato.com

Satz und Layout: Mario Müller, Jana Rogge

Lektorat: Katja Völkel

Gesamtherstellung: Rogge GmbH, Weimar

ISBN 978-3-945294-47-5